Trop jeune pour mourir

Perrine Huon

Trop jeune pour mourir

Préface de Stéphanie Fugain

À Timothée et Pierre-Alix;
À Renaud, Maman, Papa, Claire, Alix et Victor;
À tous les malades et leurs accompagnants;
À toutes les "blouses blanches";
À Laurette et à tous les malades qui sont partis.

Préface

« UN PEU DE NOUS, BEAUCOUP POUR LA VIE »

Je n'avais jamais imaginé la richesse qu'apporte la souffrance de la maladie, le regard nouveau sur les événements de la vie, celui de la sagesse, de la compassion, de l'amour et de l'humour. Chaque petite seconde devient éternelle.

L'histoire que Perrine vous raconte n'est pas là pour vous faire pleurer. Ce magnifique récit est écrit pour vous montrer que, quelle que soit votre vie, votre avenir peut être merveilleux. Il suffit avant tout d'y croire, de se battre, d'espérer et de… gagner.

J'ai rencontré Perrine dans le combat que mène l'association Laurette Fugain sur l'information pour le don de plaquettes et de moelle osseuse. Elle sortait à peine de l'enfer de la maladie et Laurette venait de nous quitter. C'est dans le regard de Perrine que j'ai compris combien il était difficile d'avancer avec une épée de Damoclès au-dessus de la tête pendant les cinq années qui suivent la maladie. Les médecins ne parlent jamais de guérison, uniquement de rémission. C'est le temps qu'il faut encore attendre pour connaître la victoire.

La vie n'est pas une affaire individuelle, l'enseignement qu'on en tire n'a d'utilité que s'il est partagé.

Merci Perrine de nous faire voyager dans tes moments d'enfer, de combat, de sagesse, d'amour et d'humour, dans ta reconstruction au fil des jours.

Je souhaite que ta vie se transforme en cadeau. Je suis très fière de t'avoir près de nous dans le combat de l'association Laurette Fugain. Merci d'être un exemple pour nous tous.

Stéphanie Fugain

Avant-propos

BIENVENUE À CANCÉROPOLIS !

Cancéropolis... Son climat à part, ses chauves, ses perfs, ses produits du terroir de toutes les couleurs, ses rayons (de soleil ?) et son immense parking censé accueillir les touristes de passage. Bref... Bienvenue à tous ! Ici on pleure, ici on meurt, ici on se bat parfois sans savoir pourquoi. Mais ici on apprend, oui, on apprend...

Dans ce pays vit toute l'année le« peuple blanc ». Les êtres humains qui composent cette drôle de tribu ne sont pas tout à fait comme nous. On voit qu'ils ont l'habitude. On ne comprend pas toujours ce qu'ils disent mais ils s'y connaissent, ça oui ils s'y connaissent ! Ici, à chacun son fonctionnement : si pour nous la calvitie est de rigueur, pour eux, le déguisement fait partie du ralliement. Mais attention de ne pas confondre ! Chez les blouses blanches, il existe différents grades. Chaque service est dirigé par un grand patron assisté de sous-chefs qui eux-mêmes sont assistés par des petites dames qui exécutent les ordres et qui n'ont pas intérêt à se tromper sous peine de subir les humeurs du Big Boss ou de certains « clients », enfin... patients.

Et puis il y a le boulot ingrat réservé aux aides-soignants et aux femmes de ménage : laver les chambres, passer les plateaux-repas et nettoyer les excréments en tout genre des touristes. Justement, parlons-en de ces touristes, puisque j'en fais partie ! Nous sommes arrivés, ma sœur Claire, mes parents et moi, la veille au soir. Villejuif, ce n'est pas la porte à côté. Nous habitons Saint-Quentin, en Picardie. Pour éviter de nous lever à l'aube, nous avons passé la nuit dans un des hôtels implantés sur le site de Cancéropolis. Vu mon état (et ceux des autres clients tous à peu près chauves), ils nous ont fait un prix d'ami, à la réception. Sympas les mecs ! C'est plutôt commerçant de leur part ! De toute façon, ils ont intérêt à nous chouchouter. Dans l'ensemble, les touristes ne sont pas des petits joueurs. Quand on débarque à

Cancéropolis, c'est pour miser plusieurs fois. En tout cas, une chose est sûre : dormir sur place a au moins le mérite de mettre tout de suite dans l'ambiance !

Le grand stratège chargé de s'occuper de ma cure de jouvence s'appelle le docteur Bourhis. Nous ne savons pas très bien sur qui nous allons tomber et surtout à quoi il peut bien ressembler. Dans le hall de Cancéropolis, ambiance top niveau. Les nouveaux touristes, encore chevelus, patientent en attendant leur tour. J'ai hâte de rencontrer ce fameux docteur qui redonne espoir aux malades quand tout a vraiment l'air fini. Mais avant, en route pour l'exercice de la prise de sang. Pas de problème, je maîtrise le sujet. La salle qui nous accueille, mes parents, ma sœur et moi, est pleine. Tellement pleine que nous sommes obligés de rester debout. Ça tombe mal, mes jambes sont encore fragiles. Lorsque vient mon tour -on m'appelle au micro -une infirmière me prie gentiment de m'asseoir sur un des fauteuils de la rangée. Pour la énième fois, une aiguille me transperce la peau. J'ai mal, mon bras n'en peut plus. Mes deux cures successives de chimiothérapie ont rendu mes veines ultrasensibles. On ne répétera jamais assez l'importance du doigté de la personne qui pique. La plupart des infirmières s'en tirent avec les honneurs. Certaines, en revanche, confondent vos artères avec un jeu de fléchettes. J'en ai fait la triste expérience, le jour où l'une d'entre elles a dû s'y reprendre à dix fois avant de la trouver, cette maudite veine !

Claire se soumet à l'épreuve, elle aussi. Ainsi, les médecins pourront vérifier la compatibilité de nos moelles osseuses. En langage cancéropolien, il s'agit de définir nos typages HLA, c'est-à-dire la carte d'identité tissulaire dans notre sang.

Quelques heures d'attente et nous découvrons enfin le docteur Bourhis. Il est agréable et drôle juste comme il faut. Le courant passe immédiatement. Sur le coup, il nous émerveille. À l'aide de schémas, il nous explique en quoi consiste la greffe de moelle osseuse. Seul hic : nous n'avons pas sur nous le dictionnaire du parfait petit Cancéropolien. Beaucoup de termes médicaux nous échappent. C'est sans importance, nous avons compris l'essentiel. Et puis je ne me fais pas de souci, avec un peu de pratique, le vocabulaire finit toujours par rentrer, je sais de quoi je parle. À la fin de l'entretien, nous repartons tous les quatre à Saint-Quentin le cœur bourré d'espoir même s'il faut, avant de me greffer, que la troisième cure prônée par le professeur K. de Lille et le docteur Bourhis de Cancéropolis donne les résultats escomptés. Objectif : moins de 10% de blastes, ces petites cellules cancéreuses qui détruisent tout sur leur passage. J'en ai encore 17 % dans le sang.

Cette troisième et ultime cure, à la différence des deux premières, sera ambulatoire. Pour la chimio, direction Lille dans la journée. Pour les transfusions de plaquettes et de sang, je pourrai me tourner vers la clinique de Saint-Quentin. Quant à mes soirées, je les passerai à la maison. Super !

À ce stade du récit, vous vous dites : « Je n'y comprends rien ! » Normal, moi non plus au début je n'y ai rien compris à cette maladie. Si j'ai commencé par l'univers étrange de Cancéropolis, c'est histoire de vous mettre dans le bain. Chimio, rayons, blastes, moelle osseuse, plaquettes, transfusions, j'en passe et des meilleures… Ma famille et moi avons appris sur le tas ! Alors ne vous inquiétez pas. Restez bien attentifs et je vous parie qu'à la fin du récit, vous parlerez cancéropolien aussi bien que moi.

Chapitre 1

C'EST ARRIVÉ TOUT DOUCEMENT…

Tout commence sur une route de Bretagne, dans le Finistère Sud. Je pédale, je pédale… J'ai beau mouliner, impossible de rattraper le groupe de tête. Je suis pourtant endurante, je ne comprends pas ce qui m'arrive. Cette virée entre potes, à vélo s'il vous plaît, s'annonçait plutôt facile. Entourée de ma bande d'habitués -nous avons à peu près tous le même âge, moyenne dix-huit ans-je n'ai qu'un seul but : profiter à fond de ce mois d'août qui s'offre à moi. Renaud, mon petit ami depuis deux ans, est de la partie, ainsi que mes meilleures amies, blondes comme les blés : les jumelles Sophie et Emmanuelle. Sans oublier Alban, un copain de Saint-Quentin, ma ville natale. Grand, brun et musclé, Alban est le scout de la bande. Dormir à la belle étoile et tracer comme un fou sur des dizaines de kilomètres ne lui font pas peur.

Nous, les filles, avons décidé de rouler à notre rythme. D'une part parce que nous aimons prendre notre temps, d'autre part parce que je peine ! Je parviens tout de même à les dépasser de temps à autre mais à quel prix ! Le prix de la nicotine, probablement… Car en y réfléchissant bien, je ne vois qu'une explication à cet essoufflement inhabituel : la cigarette. Je fume depuis l'âge de douze ans. Finir en cachette les mégots de mes parents m'amusait beaucoup à cette époque. Pas étonnant que j'en sois à cracher mes poumons alors que les autres semblent sur le point de s'envoler ! J'ai l'impression de traîner derrière moi, tels des boulets, des centaines de paquets de cigarettes. Je ne suis pas totalement inconsciente, je connais le risque couru, mais franchement, un cancer des poumons à mon âge, ce serait trop bête. Alors que je sue à grosses gouttes, je prends la ferme intention d'arrêter de fumer… cet hiver seulement !

J'oublie vite mes médiocres performances de l'été et mes résolutions de dernière minute pour me replonger dans le début d'une nouvelle année scolaire. Septembre 1999, changement de décor : je suis enfin étudiante ! Moi qui ai toujours résidé à Saint-Quentin, petite ville du nord de la France, je me retrouve à Lille, à une centaine de kilomètres, avec les conséquences que cette nouvelle vie entraîne : je vais être indépendante, pour de vrai. Bien qu'attachée à ma famille -mes parents ainsi que mes deux sœurs et mon frère -je suis heureuse de prendre mon destin en main et d'accéder à un peu de liberté. Petite déjà je me démarquais par ma maturité et mon sens de l'autonomie. Je suis enthousiaste à l'idée de faire moi-même mes courses et d'inviter des copains chez moi, enfin… chez nous. Car avec Sophie et Emmanuelle, nous avons prévu d'habiter ensemble. J'aurais préféré emménager avec mon fiancé mais nos parents nous trouvent trop jeunes pour ce genre d'expérience. De plus, Renaud habite avec son frère un logement appartenant à sa famille. Le plus simple pour le moment est encore de partager les frais avec les jumelles.

Avant de parcourir la Bretagne à vélo, nous avions écumé Lille afin de dénicher un pied-à-terre et avions trouvé par chance ce que nous recherchions : un chouette appartement d'environ cent cinquante mètres carrés situé rue Faidherbe, entre la Grand-Place et la gare. Emplacement idéal. Parquet ciré, deux chambres immenses -au moins vingt-cinq mètres carrés chacune -, deux autres plus petites, une grande salle de bain, un salon, une cuisine, et dans toutes les pièces une cheminée en marbre, hors service malheureusement. Cinquième étage, vue directe sur l'opéra. Loyer mensuel : mille huit cents francs par personne, autant dire l'affaire du siècle ! À l'époque, je n'avais pas mon permis de conduire. La présence de la gare à deux pas était donc une aubaine. On ne se rend pas compte à quel point les allers-retours entre chez soi et chez les parents, chaque fin de semaine, les bras chargés de vêtements sales puis propres -au passage, merci maman ! sont éreintants.

Sophie, qui entre en première année d'architecture, choisit naturellement la plus grande chambre car elle a besoin d'espace pour ses maquettes. Je m'approprie l'autre, celle qui possède une verrière au plafond. Emmanuelle se contente de la plus petite. Elle et moi allons faire notre entrée dans la même école pour une formation composée d'un DEUG de droit et d'une préparation aux concours des écoles de commerce. J'ai dans l'idée de devenir journaliste. J'ai la vocation. Je suis curieuse de nature et j'aime écrire. Travailler dans un quotidien me tenterait assez.

La formation m'intéresse, surtout le droit. Emmanuelle est moins passionnée mais elle suit le mouvement. Pendant nos soirées peu studieuses, nous décompressons en faisant les folles tout en nous débrouillant pour limiter les dégâts au niveau des notes. Nos parties de rigolade s'accompagnent de petits kirs cassis et de musique sur laquelle nous dansons comme des dingues, le son à fond ! Le kir, il nous arrive d'en abuser gentiment, il fait partie de la fête et j'adore ça.

GROSSE FATIGUE…

Notre école se situe dans un centre commercial -Euralille - bien connu dans la région. Outre la galerie marchande, il y a également une salle de concert et une salle de sport. Les escalators que je dois emprunter pour accéder à l'établissement chaque matin fonctionnent une fois sur dix. Souvent, je suis condamnée à monter à pied ces grosses marches d'acier et la plupart du temps, je fournis un réel effort tant je souffre à chaque pas. Lorsque, enfin, je pénètre dans la classe, je m'assois vite fait histoire de me remettre de ce marathon. Essoufflée et fourbue, je m'endors souvent en cours. Mon manteau me sert d'oreiller. Les professeurs ne semblent pas affolés. Moi non plus je ne m'affole pas. Je suis, comme dirait maman, fatiguée de naissance. Si je n'ai pas mes dix heures de sommeil, ça coince. Petit à petit, je prends l'habitude de sécher les cours le matin puis d'écourter ma journée pour pouvoir dormir. Je me sens tellement faible que je m'écroule chaque jour vers 17 heures, me réveille pour dîner puis regagne ma chambre dare-dare. Je deviens par la même occasion tellement irritable que je fais deux petites crises de nerfs successives. En réalité, je supporte de moins en moins Sophie. Il suffit qu'elle fasse un geste ou qu'elle ouvre la bouche pour me mettre à cran. Contrairement à sa sœur Emmanuelle, elle ne respecte rien, laisse traîner ses affaires un peu partout dans les pièces communes, oublie régulièrement son petit déjeuner sur la table de la cuisine. Lorsque je rentre de cours à midi et que je tombe sur les restes, je peste tant que je peux.

Je me souviens du jour où la goutte a fait déborder le vase. J'étais allée acheter des hamburgers à cent mètres de l'appartement. Sur le chemin du retour -Renaud m'accompagnait -, je ne me sentais pas bien du tout, limite dépressive. Sophie n'a rien trouvé de mieux que de me passer un coup de fil sur mon portable pour me demander de lui acheter je ne sais plus quoi, tout ça parce que mademoiselle n'avait pas le courage de se déplacer. Là, j'ai craqué. Même si elle ne réalisait pas dans quel état d'épuisement je me trouvais, Sophie aurait pu s'abstenir. Il m'était littéralement impossible de faire demi-tour. Lorsque nous sommes entrés dans le hall de l'immeuble Renaud et moi, j'ai lâché prise et pété les plombs, j'ai balancé les hamburgers sur les murs puis je me suis mise à taper sur tout, même sur l'ascenseur. Je n'étais plus moi-même, je me sentais vidée, exténuée. J'étais dans un état de douleur morale profonde. La fatigue était tellement intense que je n'avais pas pu me contenir. Le plus dur était que je ne comprenais pas pourquoi je souffrais. Je pleurais souvent sans aucune raison.

Seule solution : consulter au plus vite.

DOCTEUR MABOUL ET SES PATCHS

Ça va finir par passer... C'est juste un peu de surmenage... J'ai beau argumenter, les symptômes demeurent. Mais par négligence, je reporte de jour en jour ma visite chez le médecin. Je ne saurais pas quoi lui dire. Pour consulter, le mieux est encore d'avoir des signes physiques à présenter. Or, à part la fatigue, je ne vais pas trop mal, merci. De toute façon, je connais d'avance le diagnostic : *vous fumez trop, mademoiselle !* Ça tombe bien parce que je veux arrêter. J'ai l'impression que chaque bouffée supplémentaire bousille un peu plus mes poumons.

Février 2000, soit six mois après la première alerte (souvenez-vous : moi à la traîne sur mon vélo), ma santé s'est dégradée à un tel point que je me décide à le prendre, ce fameux rendez-vous. Sur les conseils des jumelles, je consulte à Lille un médecin aussi gentil qu'incompétent. Je le prénomme aussitôt docteur Maboul. Je lui fais part de mon souhait de stopper ma consommation de tabac car je suis fatiguée, vraiment très fatiguée. Au lieu de m'examiner à la loupe et de me prescrire des analyses ou une prise de sang, il m'assène un diagnostic éclair : la faute au rythme, la faute à la vie étudiante ! J'insiste. J'ai pourtant de drôles de maux de tête, des maux de tête très spéciaux qui me prennent aux cervicales comme si l'oxygène ne passait plus dans mon cerveau. Aucun médicament ne me soulage. Qu'à cela ne tienne ! Je quitte son cabinet avec une ordonnance pour des antibiotiques, des patchs et des vitamines car selon le docteur Maboul, il n'y a aucune inquiétude à avoir : je suis victime du stress estudiantin et… d'un simple rhume !

Je passe donc par la pharmacie sur le chemin du retour. J'en ressors avec un sachet rempli de médicaments. Le lendemain je m'astreins à porter mon patch et surtout à ne pas fumer. Quelques jours plus tard, alors que je rentre à midi pour déjeuner à l'appartement avec Emmanuelle, je me sens tout à coup barbouillée, j'ai mal au ventre au point de vomir. Je pense tout de suite au patch que je retire immédiatement. Je vais rapidement mieux. Le jour suivant, je remets mon patch pour vérifier sa supposée nocivité. Même tableau que la veille. Tant pis, je vais composer sans. L'excuse est donc toute trouvée : je refume.

ALERTE MAXIMUM

La nouba dans l'appartement reprend de plus belle. En effet, les vacances de février arrivent à grands pas, les partiels sont finis.

Début mars, je vais partir skier en Savoie avec papa, mon frère Victor (âgé de neuf ans), ma cousine et mon amie Emmanuelle. Nous sommes tellement heureuses de retrouver les pistes dans quelques jours que nous fêtons l'événement. Du coup, on force un peu sur le vin blanc. Rien de bien méchant. Le kir cassis devient juste « chir chachiche » après quelques verres de trop. On se marre bien. Emmanuelle et moi dansons comme des débiles dans ma chambre. Chaque saut accentue mon essoufflement mais je continue. J'ai besoin de me changer les idées car mon moral est au plus bas, fatigue oblige… Avec Emmanuelle, nous nous défoulons sur notre hymne, *Mambo n°5* de Lou Bega. Il nous en faut peu pour monter le son et ouvrir une bouteille à la moindre occasion. Ces moments uniques sont les seuls bons souvenirs que je garde de cet appartement et des débuts de ma vie d'étudiante. Courts, les débuts…

Une fois arrivée en Savoie, je rêve de dévaler les pistes avec mon père et mon frère comme je le faisais auparavant. Mais la semaine ne se déroule pas comme prévu. Je ne parviens pas à suivre le rythme. D'habitude, je file comme une flèche droit devant. Cette fois-ci, je suis bonne dernière. Qui attend-on chaque fois ? Moi ! J'ai la nette impression que mon niveau de ski m'abandonne.

Le seuil d'alerte est franchi lorsqu'un matin, nous nous apprêtons, papa, Victor et moi -Emmanuelle et ma cousine sont déjà parties -à monter vers le funiculaire conduisant aux pistes. Les marches me paraissent immenses. Nous commençons notre ascension quand soudain je m'écroule. Je suis mal, ma tête tourne, j'ai envie de pleurer. Je ne peux plus porter mes skis, mon cœur va éclater. Papa s'occupe déjà de ses skis et de ceux de Victor. Je n'ose pas lui demander de venir à ma rescousse. Je me tourne alors vers mon petit frère. Je n'ai pas le choix. Il accepte sans hésiter de m'aider, un peu inquiet de me voir en si piteux état. Arrivée en haut, j'insiste auprès de mon père, je lui répète que ça ne va pas. Je dois avoir un problème cardiaque. Je me mets en tête de faire un check-up en rentrant. Pour papa, c'est un problème de cigarette, encore et toujours. C'est normal, avec mon paquet quotidien. De mon côté, je commence sérieusement à angoisser. D'accord, je fume trop. Mais il n'y a pas que ça. Mon intuition me dit qu'il n'y a pas que ça…

Par prudence, le lendemain, je ne monte pas skier. Je préfère rester au village à me faire dorer sur la terrasse du chalet. Étonnamment, alors que j'ai la peau plutôt mate, je ne bronze pas du tout. Je me souviens que pendant ce séjour, sur les remontées mécaniques, j'écoutais le nouvel album de Patrick Bruel. La chanson *Juste avant* m'avait touchée tout particulièrement : *« On ne sait rien de ces urgences, qui nous font perdre la cadence, qui font les rêves difficiles. Combien reste de temps, juste avant, que le vent nous entraîne, que tout vienne à changer ? On y va, on y est, juste avant. »* De sa chanson *J'te mentirais,* je n'avais retenu qu'une phrase : *« Vite, je tombe, est-ce que tu seras en bas, est-ce que tu me rattraperas pour m'emmener là où je ne sais pas, là où je ne vais pas ? Vite, je tombe comme un pantin sans fil. »*

Intuition ? Prémonition ?

Plus qu'un week-end de vacances avant de retourner en cours. Samedi soir, mes parents reçoivent pour l'apéritif un couple d'amis médecins : Bernard et Nathalie. J'en profite pour me servir un whisky-orange et allumer une cigarette. J'ai enfin le « droit » de fumer, majorité oblige depuis le 22 janvier dernier. C'est la première fois que je m'autorise ce plaisir devant les parents, même s'ils savent très bien que je clope à tout va dans leur dos. J'apprécie.

Avant que Bernard ne parte, je lui demande de m'examiner. Cela fait déjà un moment que je pense à consulter de nouveau, toujours à cause de mon essoufflement. Mais chaque fois que je rentre en fin de semaine à Saint-Quentin, je ne prends jamais le temps de me rendre chez François, mon médecin traitant. Bernard m'ausculte rapidement. Il fixe le blanc de mes yeux, m'interroge à propos de mes règles. Je confirme : elles sont plutôt abondantes. Anormalement abondantes. Ma fatigue, mes saignements, mes maux de tête… Bernard ne fait allusion à rien d'autre qu'une anémie. Avec le recul, je pense qu'il a dû avoir des doutes pour me conseiller de faire une prise de sang aussi rapidement.

Dimanche soir, je suis prête à partir pour Lille quand maman insiste : pourquoi ne pas aller au laboratoire dès le lendemain matin à Saint-Quentin ? Après tout, rien ne m'empêche de ne prendre mon train que lundi après-midi. Il paraît que j'ai mauvaise mine : mes lèvres sont blanches et mon visage est pâle. Mais papa estime que ma prise de sang peut attendre mon arrivée à Lille.

Maman m'emmène donc le lundi matin à la gare où je prends le train, chargée comme un baudet car j'ai dévalisé le réfrigérateur de la maison afin de remplir le mien !

Parvenue à destination, je me dirige vers mon appartement. Seule une avenue sépare la gare de mon logement. Oui, mais quelle avenue ! Jamais je n'aurais pensé la traverser avec autant de difficulté. Je m'arrête et pose mes valises tous les mètres. J'exagère à peine. J'atteins le bas de l'immeuble dans un état second. Mon cœur bat la chamade. Ma cage thoracique me fait l'effet d'une bombe sur le point d'exploser. Au moment où j'ouvre la porte du hall de l'immeuble, Sébastien, un copain, arrive avec les jumelles. Un miracle car l'ascenseur ne fonctionnait pas ce jour-là. Cinq étages à monter avec mes bagages, dans l'état où j'étais, vous imaginez…

– Salut ! Vous tombez bien, je n'en peux plus, je suis chargée comme pas possible, vous pouvez m'aider à porter tout ça ?

J'ai le souffle court.

– Bien sûr, file ta valise ! me répond Sébastien spontanément.

– Merci, Séb, tu me sauves, tu sais ! J'aurais crevé dans les escaliers si j'avais eu à les escalader avec tout ça !

En haut, dans l'appartement, je m'assois immédiatement, la tête entre les genoux, dans l'espoir de retrouver ma respiration. Une fois calmée, je pars pleurer dans ma chambre car Renaud et moi nous sommes disputés dernièrement. La fatigue plus notre querelle… Je craque ! Pour vaincre mon chagrin, je me sers un kir cassis. Nous ne nous sommes pas vus depuis plusieurs jours. Le soir, je finis par lui envoyer un texto puis je l'appelle. Le lien est rétabli…

6 MARS 2000 : COUP DE TONNERRE

Comme d'habitude, les escalators qui mènent à mon école ne fonctionnent pas. Emmanuelle les monte en courant, moi en titubant. J'arrive en classe sonnée. La matinée se déroule tant bien que mal. De toute façon, je dors. Ce jour-là, je m'en souviendrai toujours, je suis vêtue de vert des pieds à la tête. Un vrai sapin de Noël ! Pause midi : je rentre à l'appartement. Emmanuelle prépare le repas -j'ai envie de riz -pendant que je file faire cette foutue prise de sang. Par chance, le laboratoire d'analyses médicales se situe à deux pas de chez nous. J'entre, armée de mon ordonnance. L'infirmier qui s'occupe de moi me le confirme : je dois certainement être anémiée.

Je ne réponds pas. Anémie… Je ne sais pas trop ce que ça veut dire. Les résultats seront prêts pour 18 heures. Voilà, c'est fait ! Je vais enfin pouvoir mettre un nom sur le mal -je soupçonne pour ma part un problème cardiaque -qui m'empoisonne la vie depuis six mois.

Il me reste peu de temps pour déjeuner. Emmanuelle et moi repartons à l'école. Bien entendu, je roupille dès la première heure de cours. Pendant la seconde, je déconne avec Suzon, dont j'ai fait la connaissance à la rentrée, une fille un peu comme moi qui aime bien rigoler et mettre le bazar. Nous sommes le type même d'élèves que les profs n'apprécient pas ! Je profite d'un moment où le sommeil me fuit pour faire passer des charades ou des blagues à mes voisins. Quand l'envie m'en prend, surtout pendant les cours que je n'aime pas, je sais me montrer dissipée. Disons que j'aime bien détendre l'atmosphère.

Vers 16 heures, alors que le bordel bat son plein -nous attendons le professeur de mathématiques -, mon portable sonne. C'est papa.

– Perrine ?

– Oui ?

– Tu as de mauvaises analyses de sang, il va falloir te rendre d'urgence au CHR de Lille, me dit-il, d'une voix inquiète.

Je suis surprise.

– Pourquoi ?

– Je ne sais pas, tu as des mauvaises analyses de sang, Bernard vient de recevoir les résultats par fax.

Déstabilisée, je ne trouve plus mes mots:

– Ah ?

– Passe-moi Emmanuelle, s'il te plaît ! me demande-t-il alors.

Leur conversation dure un bout de temps. Lorsqu'elle raccroche, Emmanuelle semble n'avoir pas tout saisi. Une chose est sûre : nous avons l'ordre de quitter la salle pour nous rendre à l'hôpital. Je ne me fais pas prier. Tranquille… un cours en moins ! Je préviens mon professeur tout en rigolant. J'adore les nouvelles expériences. Partir à l'hôpital, c'est comme partir à l'aventure ! Insouciance, quand tu nous tiens…

Dans le couloir de l'école, mon premier réflexe est d'appeler Renaud pour qu'il m'accompagne. Par miracle il sort de la salle de sport qui se situe juste en bas de l'établissement. Je n'ai qu'un escalier à descendre pour aller à sa rencontre. Il est justement au téléphone avec papa qui lui explique la situation. Je contacte ensuite Bernard. Celui-ci m'indique le nom du médecin qui devra me suivre en hématologie : le professeur K., au CHR Claude-Hurlez de Lille. Bien que légèrement inquiète, je reste euphorique à l'idée de « visiter » un hôpital. Je parle de visite car il n'y a aucune raison qu'on me garde trop longtemps. Je n'ai jamais eu le moindre problème de santé. Jamais malade, même pas un simple rhume. À l'époque, je pensais même être immunisée grâce au jus d'orange que j'avalais chaque matin. J'y croyais dur comme fer ! Le pire est que, quelques jours avant de faire mon entrée au CHR, je me suis vantée de n'être jamais patraque à une fille qui avait attrapé le plus petit des virus !

Vite ! Je passe à l'appartement prendre un pyjama. Je tiens également à m'épiler. Je me rase à sec les aisselles et les jambes en quatrième vitesse. J'ai toujours eu l'angoisse qu'il m'arrive un accident et qu'au moment de me déshabiller, les infirmières hurlent au yéti.

Mon sac à dos bleu scotché aux épaules, me voilà prête à jouer les exploratrices. Dans la voiture, avant d'arriver à l'hôpital, je grille le plus de clopes possible. Ça m'étonnerait qu'ils me permettent de fumer, là-bas ! Entre deux bouffées, je questionne Bernard au téléphone. Il est certainement au courant mais ses réponses sont plutôt vagues. Combien de temps vais-je rester à l'hôpital ? Une dizaine de jours... Je suis étonnée. Dix jours ? Pourquoi autant ? Parce que j'ai beaucoup de carences et qu'il faut me retaper.

*

**

Le CHR de Lille est une grande bâtisse qui n'a rien de sympathique. Accompagnée de mes deux acolytes, Renaud et Emmanuelle, je fume une dernière cigarette tout en observant cet immense bloc de briques rouges. L'instant est glauque. Une fois dans le hall, nous suivons tous les trois les instructions à la lettre afin de dénicher le service d'hématologie. Hématologie, voilà un mot dont je ne connais toujours pas la signification. J'ai su par la suite -bien obligée ! -qu'il s'agissait du service qui s'occupe des maladies du sang. L'ambiance est démoralisante. Pas un médecin dans le service, juste des infirmières qui s'activent. Les couloirs, jaunâtres, tristes et sombres, sont éclairés par de simples néons. Plus blafard, tu meurs ! En cours de route, nous passons devant une porte sur laquelle est mentionné : « Attention Secteur stérile - Greffe de moelle osseuse ». Mais qu'est-ce que je fais là ? J'ai le sentiment d'être perdue dans un monde irréel. Ce service est presque terrifiant. Que peut-il bien se passer derrière ces murs pour que l'on accroche aux portes des panneaux si mystérieux ? Pourquoi m'a-t-on envoyée là ? Je me suis peut-être trompée d'étage. Je sonne pour vérifier et par la même occasion demander mon chemin. Stupeur ! Une femme recouverte de papier blanc me répond derrière son masque que ce n'est pas ici. Ouf !

Une fois au bon endroit, nous nous dirigeons vers ce qui semble s'apparenter à une sorte de rotonde. Mes yeux observent, scrutent et analysent l'ensemble des couloirs qui y aboutissent. En guise d'accueil, je dois me contenter de vagues indications :

prendre telle direction, troisième chambre à gauche. Le couloir dans lequel l'une des infirmières -une grande fille aux cheveux roux pleine de taches de rousseur- nous entraîne me paraît encore plus sombre que les précédents. Dites-moi que c'est un cauchemar ! Dites-moi qu'il fait nuit et que je vais me réveiller !

Pour couronner le tout, je m'aperçois que ma future chambre est déjà occupée. Là, c'est trop ! Je fonds en larmes. Je ne veux pas entrer. Je n'ai envie de parler à personne. Surtout je suis pudique, comment vais-je faire pour me changer ? Ma « colocataire » -une femme assez forte -remarque tout de suite que je ne suis pas à l'aise. Et moi je prends soudain conscience que l'hôpital n'est pas un jeu. Je suis face à des gens qui souffrent. C'est pour cette raison que je ne me sens pas à ma place. Pourquoi m'installe-t-on avec des patients gravement malades ? Le suis-je moi aussi, gravement malade ? J'ai peur de passer la nuit toute seule ici. L'hôpital, ça sent la mort.

Heureusement, mes parents arrivent de Saint-Quentin dans la soirée. Ils me réconfortent immédiatement. Ils sont inquiets mais ne le montrent pas.

Une infirmière m'explique bientôt que mon manque de plaquettes et de globules rouges nécessite une transfusion rapide. Plaquettes ? Globules rouges ? Encore des termes nouveaux. J'apprends donc que ces fameuses plaquettes servent à empêcher de saigner. Avec mon taux actuel, je risque l'hémorragie fatale à la moindre coupure. Lorsque je réalise que j'aurais pu me couper en me rasant à sec avant de partir pour l'hôpital, je mesure la chance que j'ai. Sans compter toutes les autres fois où j'ai risqué de perdre du sang : au ski par exemple, j'aurais pu faire une chute et me blesser. La transfusion est donc vitale. Pour ce faire, on me place dans le bras un cathéter, lui-même relié à un tuyau, à son tour relié à une poche de glucose. Ce cathéter permettra par la suite d'introduire ou de prélever des liquides sans avoir à me piquer. Enfin, j'ai droit à mes plaquettes, plaquettes d'autant plus précieuses qu'elles proviennent de dons particuliers.

Le lendemain, je découvre de quelle manière fonctionne l'hôpital. 7 heures : branle-bas de combat. Que je sois éveillée ou non, les infirmières déboulent dans la chambre et allument les lumières afin de me faire une nouvelle prise de sang. Puis c'est le petit déjeuner. Dégueulasse, le petit déjeuner. Les horaires ont l'air bien définis, tout est minuté et réglé. On se croirait au service militaire. Après la toilette et un brin de ménage, c'est la pause. Moi qui ne connais absolument pas le règlement intérieur d'un hosto, je me prends une grosse claque. Je suis complètement déboussolée. Beaucoup de choses m'échappent. L'usage de la télévision, par exemple. Je m'apprête à appuyer sur le bouton de la télécommande lorsque ma voisine me met au courant. Quoi ? Je n'ai pas le droit de la regarder ? Eh bien non ! Il faut payer pour recevoir les chaînes. Dingue ! Faire payer la télévision alors que c'est pratiquement la seule distraction de la journée me paraît surréaliste.

J'attends… j'attends. À l'hôpital, la notion de temps est élastique. Les heures s'allongent. Mais ça n'a pas d'importance puisque je n'ai pas l'intention de m'attarder dans le service. C'est d'ailleurs ce que je dis au directeur de mon école lorsque je l'appelle pour le tenir informé. Je n'en ai que pour deux semaines, ce n'est pas grave, je suis juste un peu anémiée, je n'ai pas suffisamment de globules rouges, mais tout va s'arranger grâce aux transfusions. Rassuré, il raccroche en me souhaitant bon rétablissement.

En attendant la visite de Renaud et de mes parents, je discute avec la femme qui partage ma chambre. Sa rate lui pose problème car elle cause des dérèglements sanguins. Son taux de plaquettes n'est pas bien fameux non plus, d'où les hématomes à répétition. Je la plains sincèrement. Lorsque vient mon tour de lui expliquer la raison de ma présence ici, j'avoue ne pas bien savoir de quoi je souffre exactement, des analyses sont en cours. En tout cas, de mon côté, une chose est claire : on me transfuse et je pars ! Les maladies dont les gens sont atteints dans le service ne me concernent pas. Lymphome, myélome… autant de termes inconnus au bataillon. Il n'y a guère que« leucémie » qui évoque quelque chose, et encore… De toute façon, je ne fais pas partie de la galère. La preuve : après notre discussion, je pars illico prendre l'air. Dans le couloir, une des chambres est ouverte. Par curiosité, je passe la tête discrètement. Une dame sans cheveux, et sans toute sa tête visiblement, m'adresse alors la parole. Je compatis de tout mon cœur. Dans mon esprit, ne plus avoir de cheveux est synonyme de leucémie et de mort imminente. Sans doute l'influence des films comme *Love Story* et *Le Choix d'aimer,* où les héros, atteints de ce mal incurable, meurent à la fin. Cette pauvre femme ne s'en sortira pas, c'est évident. Tout comme le père de mon papa, mort à trente-quatre ans d'une leucémie.

Pose d'un cathéter, transfusion, plaquettes... Les réjouissances ne font que commencer. Pourquoi me parle-t-on à présent de ponction de moelle osseuse dans le sternum ? C'est quoi une ponction ? Avec quoi ils opèrent ? Je vais avoir mal ? En fait, cet examen est indispensable pour diagnostiquer la maladie. L'équipe médicale soupçonne déjà une leucémie mais je suis la seule à ne pas le savoir. L'interne chargée du sale boulot m'explique le déroulement des opérations : crème anesthésiante à l'endroit où elle va enfoncer une longue aiguille -le trocart -dans l'un des os plats de mon thorax, le sternum, juste entre les seins et la gorge. Pas franchement rassurant ! Apparemment, c'est la première fois que l'interne pratique cet acte. Le médecin qui l'« assiste » lui donne quelques conseils. Je suis un peu terrifiée de servir de cobaye. Au fur et à mesure que l'interne enfonce le trocart, la sueur inonde peu à peu son visage, preuve qu'elle ne maîtrise pas le sujet. Je sens l'aiguille qui cherche, qui pique puis qui aspire la moelle. Là, je jongle ! On appuie si fort sur mon thorax que mes os sont sur le point de casser. Du moins, c'est l'impression que j'ai. Je crie, tellement la pression me fait mal. L'opération n'aura duré que quelques minutes. L'interne retire le trocart puis me laisse seule avec mes incertitudes. Lorsque mes parents arrivent peu de temps après, je me sens soulagée.

Quoi ?

Le soulagement est de courte durée. Papa est en larmes. Voir mon père pleurer me touche plus que tout. Un papa, d'habitude, ça joue le rôle de l'homme fort, solide comme un roc, que rien n'atteint. Mon père à moi est de cette race-là. Mes deux sœurs, mon frère et moi le voyons peu car il rentre souvent tard le soir. Il a plusieurs agences d'assurances et de lourdes responsabilités. Mais je l'aime parce qu'il est tendre. Il me raisonne, il me tempère. Avec lui, je découvre plein de choses. À la maison, il est celui qui a le dernier mot, celui qu'on écoute, celui qu'on respecte.

Aujourd'hui, mon papa rocher s'écroule brutalement. Je suis inquiète, qu'y a-t-il de si terrible pour que ce papa-là craque, maintenant, devant tout le monde ?

Il n'y a pourtant rien de grave, a priori. À la suite d'une fatigue persistante-six mois déjà que je me traîne lamentablement - et d'examens peu glorieux -mon taux de plaquettes est anormalement bas j'ai été admise dans le service d'hématologie du professeur K., au CHR de Lille. Je n'y suis que depuis vingt-quatre heures mais j'ai déjà eu droit à une transfusion de plaquettes et une ponction de moelle osseuse. J'ai passé la nuit dernière à redouter que ma perfusion ne s'arrache. Je me suis astreinte à sommeiller le bras gauche tendu sur le côté. J'ai dormi sans dormir. Le cathéter bougeait et me faisait mal.

La matinée s'est écoulée au ralenti, je suis sur mon lit, tout habillée. Les infirmières ont installé une cloison pour nous séparer, ma « colocataire » et moi, afin de préserver un peu d'intimité. Maman est enfin arrivée, accompagnée de Renaud. Lorsque mon père nous rejoint, il a les larmes aux yeux. La tristesse de me voir amoindrie sur un lit d'hôpital ? À ce moment précis, je suis encore loin d'imaginer ce qui m'attend. Ce qui m'attend ? Un simple séjour entre ces quatre murs. Je suis fatiguée, les médecins vont me remettre d'aplomb et dans quinze jours, à moi la liberté ! Mais maman, avec beaucoup de sang-froid, se charge de me remettre les idées à l'endroit.

– Nous avons les résultats de la ponction de moelle. On sait maintenant ce que tu as. Tu vas devoir faire un peu de chimio.

L'équation est automatique : chimio égale cancer. Terrifiée, je lance à brûle-pourpoint :

– Quoi ? J'ai un cancer ?

– Oui, un cancer du sang, me répond maman avec beaucoup de calme.

-Une leucémie, ajoute papa, les yeux embués.

Je demande :

-Comme ton père ?

-Oui, me répond-il.

Et à ce moment-là, il éclate en sanglots. Le choc ! À l'annonce du mot « leucémie », j'explose moi aussi. Pendant quelques minutes, je perds pied mais la raison reprend le dessus. Je veux savoir : mes cheveux vont-ils tomber ? Et surtout : vais-je mourir ? Je comprends à présent la douleur que peut provoquer ce genre d'interrogations chez des parents angoissés à propos de l'avenir de leur enfant. Mais je refuse le mensonge. Maman est affirmative : oui, je vais certainement perdre mes cheveux. Mais elle ajoute que la leucémie se guérit très bien de nos jours. Sa conclusion ne laisse aucune place au doute : bien sûr que non, je ne vais pas mourir ! Pour moi, tout est dit. Je bois les paroles de maman, j'ai confiance en elle, une confiance aveugle, totale, absolue. Elle ne nous a jamais menti. De plus, sa formation d'infirmière représente une deuxième garantie. Je suis à l'instant même complètement rassurée. Mes pleurs s'arrêtent net. Puis l'horreur fait place à la curiosité. J'ai toujours été ainsi, même petite. Pour pouvoir contrôler, j'ai besoin de décortiquer et d'analyser : je m'enquiers donc de tous les détails du traitement. Pour l'instant, rien de compliqué : il me suffira de porter un masque devant le visage pour éviter de choper un sale microbe en attendant qu'une chambre stérile se libère dans le couloir adjacent au mien. Mes défenses immunitaires sont au plus bas. Mes globules blancs sont presque tous cancéreux. Les cellules cancéreuses, aussi surnommées blastes, pullulent. La chambre stérile me permettra de recevoir mes injections de chimiothérapie dans des conditions d'hygiène très strictes.

Maman ne m'a pas avoué tout de suite que la ponction de moelle permettait également aux médecins de rechercher la présence du chromosome Philadelphie. Si la présence de ce chromosome avait été détectée, j'aurais été porteuse d'une leucémie foudroyante et mon cas aurait été désespéré (aujourd'hui, grâce aux progrès de la médecine, cette forme de leucémie peut être soignée avec succès dans certains cas grâce à un nouveau médicament). J'imagine la nuit que maman a dû passer en attendant les résultats. Elle a gardé le secret pour n'inquiéter personne. Dieu merci, dans mon malheur, j'ai été épargnée. Il était écrit que le chromosome Philadelphie ne passerait pas par moi !

Plus tard dans la journée, Renaud revient de nouveau mais accompagné, cette fois-ci, de mes amies les jumelles : Sophie et Emmanuelle. J'ai déjà oublié la gravité du mal qui m'atteint et je les attends en bas de l'hôpital, avec mon masque et mon « arbre » à perfusions dont je ne peux me séparer. Je suis presque fière d'arborer mon nouveau déguisement. J'ai demandé à Renaud de rester discret sur ma maladie car je tenais à annoncer la nouvelle moi même à mes amies. Mais il a passé outre, jugeant plus honnête de prévenir les jumelles afin de ne pas les mettre mal à l'aise devant moi. J'accueille mes amies dans le hall avec un grand sourire, sourire que je dissimule par la force des choses derrière mon masque. On plaisante, et je préfère ça. Les mines de circonstance, très peu pour moi.

Dans l'après-midi, la chambre stérile se libère. J'emménage avec l'aide de maman et de mes amis. On ne peut pas dire que la pièce soit particulièrement chaleureuse. Le mobilier est vieux. En lieu et place des toilettes, j'ai droit à une chaise percée. Pas de douche, seulement un lavabo. Pratique pour se laver les cheveux ! (Pour le moment, j'en ai encore.) Le reste ? Une table, une chaise et une armoire. Aussi spartiate que la chambre de Van Gogh. Au sol du carrelage bleu. Quant aux murs… ils sont glauques. La porte de la chambre n'est même pas une vraie porte de chambre ! Elle coulisse, comme celle d'un placard. Tout ici semble à l'abandon. Les fenêtres, fermées par de l'adhésif, n'ont pas de poignée. Impossible, dans ce cas, de les ouvrir. La tentation… surtout éviter la tentation de respirer l'air frais. Bref, la chambre est dans un état scandaleux pour un service censé être d'une propreté irréprochable. Je me demande encore comment je n'ai pas attrapé d'infections ! Quelques mois après mon départ, j'ai appris que tout l'étage avait été contaminé par un champignon, l'aspergillus, qui peut provoquer une infection pulmonaire, parfois mortelle pour les immunodéprimés dans mon état[1].

Maman ne m'a pas quittée de la journée. Avant qu'elle ne parte pour Saint-Quentin, nous inventons une sombre excuse pour sortir de la chambre et descendre griller une cigarette, probablement la dernière. Maman ne peut pas me refuser ce petit plaisir. Il doit être 20 heures ou plus, à cette heure-ci l'hôpital dort. Je profite de ces derniers instants auprès de ma maman, je sens qu'ils vont m'être précieux par la suite. D'autant qu'une nouvelle nuit s'annonce à l'hôpital. Ce n'est pas la première mais celle-ci a un goût particulier. Je ne sais pas encore ce qui m'attend et de quelle manière je vais trouver la force de me battre contre la maladie.

Tout ce que je sais, en revanche, c'est que je serai seule, ce soir, dans cette chambre aussi stérile qu'austère.

---

1. Depuis, heureusement, le CHR de Lille a été rénové de fond en comble.

Chapitre 2

PREMIÈRE CURE AU CHR DE LILLE

Pas de service stérile sans l'outil indispensable à ma première chimio : un cathéter thoracique que je devrai conserver obligatoirement pendant la durée du traitement, soit au total douze semaines. Je ne sais pas encore à quoi ressemble ce cathéter. C'est incroyable le nombre de choses dont j'apprends l'existence petit à petit. L'univers de l'hôpital m'est totalement étranger. Il faut dire que la langue pratiquée par le personnel médical est une langue à part. Pour eux, les termes employés paraissent évidents. Pour nous, ils sont aussi limpides que du chinois ou du japonais. Ma curiosité naturelle atténue un peu le fossé car je veux tout savoir, tout comprendre. Par la suite, j'ai rencontré beaucoup de malades qui ne posaient aucune question et surtout qui ne *se* posaient aucune question. J'ai du mal à admettre qu'on puisse rester passif devant l'épreuve. L'épreuve de la maladie, pour moi, a un sens. Elle ne survient pas par hasard. J'ai une leucémie, d'accord ! Mais au moins que cela me soit utile.

À force d'interroger les infirmières, je finis par être tellement calée que je sais même à quoi correspond la couleur de chaque bouchon des tubes de sang qu'on me prélève. Moi qui ai toujours détesté la physique et la bio, je rattrape le temps perdu.

Mais revenons à la pose du cathéter thoracique. Le matin de ma première chimio, on badigeonne mon thorax au moyen d'un désinfectant, de la Bétadine rouge, avant l'application locale d'une crème anesthésiante : l'Emla. L'équipe qui s'occupe de mon cas est composée d'un jeune interne et de plusieurs infirmières.

Odieux, l'interne ! Surtout avec les infirmières. Le type se prend déjà pour un grand chirurgien. J'aurais détesté rencontrer un gars aussi puant dans la vie privée. Il se prend pour le centre du monde alors qu'il n'a rien d'intéressant. Il n'est chargé que de la mise en place de mon cathéter. Pas de quoi faire le coq !

Un champ stérile recouvre ma tête. Pour moi, une sorte de drap en plastique… Autre légère anesthésie locale avec une seringue avant d'inciser ma peau. Cette petite entaille permettra d'insérer un tuyau dans la veine sous-clavière. Ainsi, chaque fois qu'on aura besoin de me transfuser, pas besoin de me piquer. Je ne sens rien, juste le sang chaud qui coule le long de mon cou, de mes oreilles, de mes cheveux. Je ne vous dis pas la sensation ! Vu mon taux de plaquettes, je saigne comme un steak sur le gril. Le champ stérile me donne chaud, hyper chaud. La sueur se mêle au sang. J'adore ! Une infirmière me tient la main, je ne suis pas très rassurée.

Quelques heures plus tard, alors que je suis de retour dans une des chambres de l'hôpital -je ne suis pas encore en chambre stérile, la chimio n'ayant pas encore débuté -, une douleur s'annonce. Je ne peux plus plier mon bras. Le cathéter n'a pas été bien fixé. En fait, d'après ce que j'ai compris, on a incisé mon cou pour faire passer le tuyau du cathéter dans ma veine alors que l'incision doit se situer normalement au niveau de la clavicule. Je me retrouve par conséquent avec une cicatrice gratuite à vie.

Une fois l'erreur réparée, je dois me soumettre à une nouvelle épreuve : celle de la ponction lombaire qui permettra de vérifier la présence ou non de cellules malignes dans les méninges. Pour ce faire, une interne me frotte les reins avec l'anesthésiant habituel, l'Emla. Assise sur mon lit, je fais le dos rond pour recevoir une longue aiguille dans la colonne qui servira à aspirer un peu de liquide céphalorachidien. Sympathique, non ?

Lorsque l'aiguille est retirée, je suis censée rester allongée le plus longtemps possible, sans bouger. En effet, lorsqu'on prélève du liquide céphalorachidien, on diminue la pression de ce liquide. Le cerveau est sensible à ce genre de variations. Cela peut entraîner de forts maux de tête. Ne sachant pas qu'il faut attendre en réalité au moins deux heures avant de bouger, je me redresse légèrement au bout d'une heure seulement. Et là, je comprends, oui je comprends vite ce qu'est une ponction lombaire qui dérape. Me sentant mieux le dos un peu relevé, j'ai la bonne idée de… me mettre debout ! Je profite de la présence de copines pour faire la folle avec elles dans le couloir. On rigole bien jusqu'au moment où je ne me sens plus bien, mais alors plus bien du tout. J'ai mal à la tête, je vomis, je fais un malaise. Mes parents me sermonnent, je n'avais qu'à écouter les médecins. Je n'avais qu'à… Oui, je n'avais qu'à… Un conseil pour vous, futurs malades ou patients actuels. Le jour où vous serez confrontés à une ponction lombaire, restez allongés pendant au moins deux jours !

Après ces deux péripéties, place au traitement. Petite, je pensais que faire une chimio équivalait à passer dans une machine, genre IRM. Je ne sais pas pourquoi. Sans doute à cause de la perte de cheveux qui s'ensuit. Dans mon esprit, seule une machine pouvait provoquer une telle réaction. En fait, la chimio n'est autre qu'une poche en plastique contenant une substance chimique liquide censée détruire les cellules cancéreuses. Comme le sérum glucosé, la poche s'accroche à un arbre à perfs. Un système ingénieux fait couler le liquide dans un petit tuyau en un nombre de gouttes défini, afin qu'il ne m'empoisonne pas trop vite. Je ne savais pas non plus que la chimio pouvait être de différentes couleurs. Jaune, rouge ou bleu.

Drôle de sensation que celle d'uriner version schtroumpfette !

Plus un poil sur le caillou

Je me fiche de perdre mes cheveux. On m'a prévenue, donc je m'y attendais. La chute commence après la deuxième injection de chimio. Le regard des autres n'est pas important. J'estime que je n'ai pas à avoir honte d'être malade. Ce sont ceux qui me regardent avec pitié qui doivent baisser les yeux, pas moi. J'assume ! S'ils ne sont pas clairs avec leur conscience, ce n'est pas mon problème. De toute façon, je n'ai pas besoin de cheveux en chambre stérile. À quoi vont-ils me servir ? À m'embarrasser plus qu'autre chose. D'un point de vue matériel, devenir chauve a un côté pratique : plus la peine de se plier en quatre au-dessus du lavabo munie des perfs pour me laver la tête. Étant donné mon état de faiblesse, ce sont autant de gestes économisés. La seule chose qui me dérange et qui me rend triste est que cette calvitie naissante symbolise la mort qui rôde. Peut-être parce que j'ai vécu la mort de près, de trop près. Celle de ma mamie gâteau.

J'étais très attachée à ma grand-mère maternelle. Lorsque nous étions petits, mes cousins et moi adorions aller déjeuner le dimanche chez elle. Les retrouvailles étaient l'occasion de nous amuser pendant que nos parents discutaient autour de la table de la salle à manger. Mamie avait passé la matinée à préparer un gigot, un rôti ou une viande en sauce accompagnée de légumes cuisinés. Elle qui appréciait la bonne chère n'oubliait jamais de nous offrir des spécialités culinaires des régions qu'elle visitait. De Lille, elle revenait avec des gaufrettes « Meert ». De Romans, elle rapportait des ravioles. En tout cas, il y avait toujours un petit quelque chose pour nous. Je me souviens du jour où elle nous a rapporté des têtards. Le cadeau m'a marquée. La métamorphose des larves en grenouilles m'intriguait. Chaque jour, dans la cour de notre maison, nous suivions la transformation tant attendue. Bref, Mamie aimait nous faire plaisir. Avec grand-père, ils avaient acheté une cabane en bois qu'ils avaient installée au fond du jardin de leur maison de vacances du Touquet. C'était notre cabane, la« villa » des enfants. Lorsque nous étions en congés chez eux, ce recoin secret abritait nos jeux. Nous nous transformions en maîtresse ou en docteur pendant que Mamie invitait ses amies à jouer aux cartes dans le jardin ou que nos parents prenaient l'apéritif allongés dans les transats.

La résidence principale de mamie et de grand-père à Saint-Quentin représentait le fief de la famille. Je passe encore très souvent devant puisqu'elle se situe à deux pas de chez nous. Ces merveilleux moments d'enfance et d'insouciance me reviennent alors en mémoire. Ces moments où les cousins et moi dévalions le grand escalier assis sur un matelas. Nous glissions telle une luge sur la neige jusqu'à ce que le meuble placé en bas des marches stoppe notre envolée. Alertée par le chahut ambiant, Mamie se précipitait-mais il était déjà trop tard-pour nous supplier de faire attention.

Et puis ces dimanches ont pris une autre teinte. Finie la gaieté. Mamie est tombée malade pour la troisième fois. Après un cancer des ovaires puis un des intestins dont elle s'était sortie, ce fut au tour du pancréas de faire des siennes. Fatiguée par les traitements qu'elle subissait, Mamie était souvent couchée. J'avais douze ans, elle soixante-trois. Je filais la voir tous les matins car sa maison se trouvait sur le chemin de l'école. Parfois, j'apercevais à peine le bout de son nez tellement elle s'emmitouflait dans les draps. Je me souviens de sa petite tête nue et maigre qui dépassait des couvertures. Je me suis terriblement rapprochée de ma grand-mère pendant cette période. J'étais la seule de ses petites-filles à ne pas être choquée par cette lente dégradation. Si je coiffais sa perruque blonde pendant que nous discutions, c'était parce que je ne voulais pas qu'elle se sente différente. Bien sûr, je mentirais si je disais que la première fois où je l'ai vue sans cheveux, je n'ai pas ressenti un sentiment étrange. C'était juste parce que je n'avais pas l'habitude. L'instant d'après, j'avais déjà oublié le crâne chauve de Mamie. Tout comme j'ai très vite occulté les transformations physiques liées à sa maladie. Ma grand-mère, d'habitude plutôt enrobée, avait perdu beaucoup de poids. Sa peau s'était détendue. Mais pour moi, elle restait Mamie !

Un jour, après bien des hésitations, elle m'a demandé de l'accompagner dans le parc d'à côté. Elle n'avait pas osé le faire plus tôt de peur que j'aie honte de sortir avec elle. Comment aurais-je pu avoir honte de ma grand-mère ? Je l'ai prise par le bras et nous sommes parties nous promener. Elle semblait heureuse…

Il m'est arrivé aussi de lui rendre visite à l'hôpital. Un après-midi, je suis restée à son côté à lire *Le Journal de Mickey.* Elle ne s'est réveillée que lorsque la coiffeuse a frappé à la porte de sa chambre en début de soirée (elle avait encore ses cheveux à l'époque). Mamie était surprise de me voir encore là. Je n'avais pas bougé.

Ma grand-mère allait s'en sortir. J'en étais persuadée. De toute façon, à l'époque, le mot cancer pour moi ne rimait pas avec le verbe mourir. Le mot cancer signifiait juste perdre ses cheveux. Ma jeunesse, mon insouciance et sans doute le silence de mes parents ne m'ont pas permis de me préparer à l'issue dramatique de la maladie. La dernière fois que j'ai vu Mamie vivante, c'était dans sa villa du Touquet. Ce jour-là, j'ai eu un mauvais pressentiment. Mon intuition me disait que les choses ne tournaient pas comme d'habitude. Les enfants possèdent un sixième sens, je crois. Allongée sur le canapé, Mamie répétait qu'elle ne se sentait pas bien. Anaïs, l'une des cousines de mon âge, pensait qu'elle se plaignait beaucoup. C'est vrai, ma grand-mère se plaignait beaucoup, ce que je comprends mieux à présent ! Mais au plus profond de moi, je savais qu'il ne s'agissait pas d'une simple lamentation de plus. Non… Mamie allait vraiment mal. Dans la journée, elle avait déjà eu un malaise. Maman l'avait aidée à monter dans sa chambre pendant que nous, les enfants, jouions dans le jardin. J'ai appris par la suite que Mamie avait vomi du sang et taché ses vêtements. En retrouvant ses esprits, elle avait demandé pourquoi sa robe était pleine de confiture. Maman a très mal vécu ce moment, évidemment. Avant son départ pour l'hôpital, nous sommes tous allés la voir dans sa chambre, à tour de rôle. Le dernier souvenir que je conserve d'elle est le son de sa voix lorsqu'elle m'a réclamé sa boîte de médicaments. Ensuite elle est partie, emportée par l'ambulance. Maman nous a déposés, mes sœurs, mon frère et moi, chez une amie de Mamie pour que nous y attendions son retour.

Mamie a passé la nuit dans un hôpital proche du Touquet avant d'être transférée le lendemain à la clinique de Saint-Quentin. Pendant ce temps, j'ai préparé mes valises et j'ai dit au revoir aux copains du club de plage. D'un air dégagé, j'ai répondu à ceux qui s'étonnaient de nous voir repartir si tôt que ma grand-mère était en train de mourir. Mes copains n'ont pas compris que je me montre aussi détachée. Pour moi, c'était une manière de dédramatiser. J'étais encore une enfant, je me protégeais comme je l'ai toujours fait : en prenant les choses à la légère.

Le lendemain, lorsque le téléphone a sonné dans la nuit, j'ai compris sans attendre que Papa réponde. Maman nous annonçait que Mamie s'était endormie en souriant.

J'avais eu beau crâner auprès de mes camarades, son décès soudain m'a totalement prise au dépourvu. Je n'imaginais pas que ma grand-mère puisse mourir aussi vite. Je ne pouvais tout simplement pas l'admettre. Je ne me suis rendue à l'évidence qu'au moment où j'ai lu son prénom et son nom gravés sur sa pierre tombale. Ce qui ne m'a pas empêchée, par la suite, de lui parler comme si elle avait été près de moi. J'aimais bien aller au cimetière, j'avais l'impression de me rapprocher d'elle. J'ai eu du mal à encaisser le choc. Pourquoi ne m'avait-on pas prévenue ? J'aurais été capable de comprendre si on avait mis des mots sur sa maladie, j'avais douze ans, j'étais assez mature pour les entendre. D'ailleurs, j'ai toujours été une enfant mûre pour mon âge. Petite fille, je captais aisément ce qui se passait autour de moi, j'observais et j'analysais. Du jour au lendemain, je me suis trouvée face à ce vide sans y avoir été préparée. J'étais perturbée, j'y pensais tout le temps, j'en rêvais même. J'imaginais Mamie à mes côtés, un peu comme si j'avais été à la recherche de son fantôme. Je la « revoyais » dès que je passais devant sa maison. Je revoyais la chambre dans laquelle je coiffais sa perruque, je revoyais le parc où nous nous étions promenées ensemble.

Est-ce là l'explication de mes idées morbides ? J'étais déjà sensibilisée au thème de la mort. Maman disait que petite, je faisais souvent des rêves sanglants. C'est vrai. J'étais très angoissée et très intriguée par le « grand sommeil ». Y avait-il une autre vie après notre départ ? À ce propos, je me souviens de l'impact qu'a eu sur moi le film *Le Crime de l'Orient-Express.* Je devais avoir six ans à l'époque. J'ai été littéralement traumatisée par le fait qu'on puisse assassiner des gens aussi facilement. Pourtant il n'y a aucune image violente dans ce film. J'en ai perdu le sommeil. Plus tard, au lieu de prendre des notes pendant les cours, au collège, je me suis mise à dessiner. Je n'avais pas besoin de prendre de notes : j'ai une bonne mémoire qui me permettait de retenir les cours. J'esquissais sans vraiment m'en rendre compte, de manière un peu automatique, des monstres, des têtes coupées et des cœurs qui saignent, entre autres ! Je pense que j'en avais besoin pour exorciser ce qui me faisait mal à l'intérieur.

Je reste nostalgique de mon enfance, Mamie me manque. Je suis sûre qu'elle veille sur nous, même encore maintenant. Je suis en paix avec son souvenir depuis ma confrontation directe avec la maladie. En ayant moi-même eu un cancer, j'ai pu me mettre à sa place, comprendre son cheminement et sa souffrance. Lorsque, à l'hôpital je me regardais dans la glace, maigre et chauve, jamais je n'ai pensé : « Beurk, que tu es laide ! » Je pensais plutôt : « Oh, on dirait Mamie ! » Ma leucémie m'a permis d'accepter son décès. Petit à petit, j'ai vécu un peu de son parcours, je sais à présent où elle est partie. Que Mamie se soit éteinte en souriant m'a rassurée, en quelque sorte.

Finalement, ce sont ceux qui restent, les proches, la famille, les amis qui ont le plus à craindre de la mort.

*
**

Maman reste discrète sur le sujet mais m'imaginer sans cheveux est un coup dur supplémentaire. La plupart, pour ne pas dire la majorité des cancéreux ne supportent pas de voir leur visage ainsi transformé. Maman vit cette perte à travers moi. De toute façon, maman vit tout à travers moi. Elle ne ressent pas ma douleur physique mais la souffrance morale est deux fois plus importante pour elle. Nous luttons à deux contre ce cancer. Pour lui faire plaisir, j'applique les lotions qu'elle m'apporte mais je les applique sans conviction. J'ai droit à quelques visites, à condition que mes « visiteurs » enfilent le sarrau, le bonnet et les chaussons en papier obligatoires, tout comme le masque.

Chaque matin je scrute mon oreiller. J'ai envie que la chute commence tout en redoutant le moment fatidique car je sais ce que cette perte signifie : *voilà Perrine, tu es vraiment malade.* Lorsqu'un matin, j'aperçois plusieurs cheveux accrochés à ma taie, j'appelle immédiatement un aide-soignant (ex-coiffeur), afin qu'il raccourcisse ma chevelure. Je me serais bien rasé le crâne tout de suite mais ma famille n'y tient pas trop. Alors pour ne pas en rajouter, je choisis une coupe courte tout en prenant un malin plaisir à m'arracher les tifs, ils partent tout seuls. Même pas mal ! Je m'exécute parfois devant mes visiteurs. Leurs mines horrifiées m'amusent. Si j'agis ainsi, ce n'est pas par méchanceté. Je pense que provoquer est juste un moyen de montrer la gravité du mal qui me ronge. Inconsciemment, je cherche à susciter une réaction, c'est une manière de dire : « J'en ris, mais regardez ! Regardez-moi ! J'ai une leucémie ! » Peut-être est-ce au cancer que je m'adresse directement, je lui fais passer le message :

Je n'ai pas peur de toi !

Pas question que je porte une perruque ou que je cache mon crâne nu sous un foulard. Je suis comme je suis. Les infirmières me conseillent d'arrêter le massacre, tirer sur mes cheveux aggrave mon cas car ils ne repousseront pas aussi vite que ceux qui tombent naturellement. L'argument me calme. Bien qu'indifférente à leur chute, j'ai tout de même envie que ces maudits cheveux repoussent.

Un soir, j'en ai assez. Je veux raser ce qu'il me reste de poils au plus vite. Renaud est appelé à la rescousse. Qu'il vienne avec la tondeuse de son frère ! Stéphanie, une aide-soignante avec qui je m'entends très bien, est dans le coup. Elle accepte d'exécuter la manip', elle a l'habitude. En attendant l'arrivée de Renaud, on installe la chaise et on prépare les serviettes. Il n'y a plus qu'à appuyer sur le bouton de mon appareil photo pour immortaliser l'événement. Ça peut paraître difficile à croire mais je suis vraiment contente. Avant de commencer, je préviens maman et papa : la prochaine fois qu'ils me verront, j'aurai la boule à zéro, façon Demi Moore dans *À armes égales* ! Assise en soutien-gorge, j'attends que le match commence. Renaud jouera le rôle du photographe pendant que Stéphanie me rasera. Je lui dis de me coiffer version punk puis de ne « tailler » qu'un seul côté, laissant l'autre avec mon carré habituel. Peu à peu, je me retrouve avec une seule et unique mèche sur le haut du crâne, que Stéphanie finit par faire disparaître. Tout ça dans la joie et la bonne humeur. J'ai toujours les photos. Mais elles ne me font plus rire, d'ailleurs je ne les regarde pas.

Il ne me reste plus qu'à me lever pour admirer le résultat. Ma foi… je ne suis pas si mal. J'ai la chance d'avoir un crâne bien formé. Je le caresse. Il pique ! J'avoue : ça me fait bizarre. Je suis loin d'être aussi bien rasée qu'André Agassi dans une pub pour des rasoirs, à la télé.

Désormais, au lieu de collecter des cheveux longs sur mon oreiller, je ramasse des poils de un millimètre. Pas agréable comme sensation, ça gratte. Heureusement, maman a la solution : pourquoi ne pas acheter le rouleau autocollant qu'on utilise habituellement sur les vêtements pour enlever les peluches ? Excellente idée. Les cheveux qui sont sur le point de tomber accrochent à la partie adhésive. Je m'exécute chaque matin jusqu'à liquider le stock. Ce qui a le don d'amuser mon frère et mes sœurs qui me « passent » à tour de rôle le rouleau sur la tête. Sans doute un moyen pour eux de dédramatiser la situation.

Je porte à présent une casquette que les jumelles Sophie et Emmanuelle m'ont offerte. Je la porte juste pour les visiteurs, tout du moins au début. Il vaut mieux y aller doucement. Tout le monde n'est pas prêt à me voir la tête à poil ! Pourtant, quand j'ôte ma casquette, les réactions sont unanimes : la calvitie me va bien. Beaucoup, dont mes parents, me persuadent que c'est la mode. Excuse à deux balles ! Ils avancent bientôt tous ce même argument alors que franchement, vous en croisez souvent, vous, des femmes complètement rasées ? Ce qu'ils ne veulent pas admettre, c'est que je n'ai pas besoin d'être rassurée. Je vis ce changement très bien. Évidemment, je suis passée par des moments de doute, j'ai même craqué avant que mes cheveux ne tombent vraiment. Mais j'avais prévenu mon entourage : par pitié, arrêtez tous d'anticiper le jour où j'aurai un crâne d'œuf !

*
**

Peu de temps après cette première étape, je fais la connaissance de Romain, un étudiant de mon âge. Il occupait ma chambre stérile avant que j'arrive. C'est un copain d'une copine de Suzon. Il n'a plus de cheveux lui non plus mais semble le vivre beaucoup moins bien que moi. Après une première cure de neuf semaines, il a obtenu le droit d'entamer la seconde chez lui tout en revenant à l'hôpital pour les injections de chimio. Le fait qu'il habite Lille lui a facilité les choses. Quand il vient prendre son shoot de chimio, il en profite pour passer dans ma chambre. Nous discutons des effets de la chimio, des conséquences qu'elle peut avoir sur le couple, de la maladie en général, quoi ! Il a le même type de leucémie que moi. Son péché mignon ? Les vomissements. Il a beau prendre du Zophren, médoc hyper puissant contre ce mal, rien n'y fait. Moi, ce sont surtout les migraines qui me handicapent. Des migraines horribles avec l'impression d'étouffer. Parfois, la douleur est tellement intense qu'elle me cloue au lit. Dès que je tourne la tête dans un sens, j'ai la désagréable sensation que mon cerveau bascule à droite si je penche à droite, qu'il bascule à gauche si je penche à gauche. Mon sang pèse une tonne. Dans ces cas-là, la lumière est douloureuse à supporter. Du coup, les stores sont baissés et je passe la journée entière allongée dans la pénombre. Silence total. La moindre parole résonne comme les cloches d'une église.

Pour m'aider à tenir la distance, les infirmières m'injectent de la morphine. Mais la morphine n'est pas toujours efficace. Une fois, j'ai insisté auprès d'une interne : je n'en pouvais plus, la douleur était trop intense. Pensant bien faire, l'interne est revenue quelques minutes plus tard avec du Topalgic, un médicament dérivé de la morphine. Apparemment, elle ne savait pas qu'on ne pouvait pas donner ce type de comprimé lorsqu'un patient était déjà sous calmants. Résultat : j'ai eu l'impression de m'enfoncer dans le matelas puis de tomber dans un immense trou noir. J'étais dans un état second, comme shootée aux drogues dures, je délirais complètement ! Les murs étaient flous, les gens aussi. Qu'est-ce que j'ai pu pleurer, ce jour-là ! Maman, toujours à mon côté, n'a rien montré de son angoisse, elle m'a tenu la main jusqu'à ce que la souffrance s'atténue et que je m'endorme ensuite profondément.

La présence de Romain me réconforte car il est vraiment très gentil. J'espère, comme lui, pouvoir faire ma seconde chimio à la maison. Il répète souvent que neuf semaines, pour une première cure, c'est beaucoup. Il le répète jusqu'au moment où il s'aperçoit que je le bats à plate couture : douze semaines, je suis première au classement !

*

**

Pendant trois mois, je serai suivie par deux internes. Le professeur K., lui, ne montre le bout de son nez qu'une fois par semaine. Bosser des heures pour essayer de résoudre l'équation de la vie d'un patient est tellement passionnant qu'on en oublie d'aller sur le terrain. C'est pourtant en se rendant dans les chambres ou en circulant dans les couloirs qu'on peut mesurer la souffrance des patients. Mais le professeur K. n'aime pas voir les gens mal fichus. Il ne sait pas comment les réconforter autrement qu'en disant ce qu'ils veulent entendre. Alors les mal fichus, il vaut mieux les laisser aux infirmières. Je sais que je me montre un peu excessive dans mes propos mais je ne fais que transcrire l'impression que j'avais sur le moment.

J'admets : sans les médecins, pas d'espoir de guérir. Mais sans les infirmières non plus. Demandez à tous ces professeurs qui cloisonnent le savoir d'un côté, la douleur de l'autre, d'accomplir un geste anodin. Pas sûr qu'ils soient capables de vous piquer sans vous faire mal. Quant à la psychologie du malade, je préfère me taire…

Je parle sous le coup de la colère, je généralise alors que je ne devrais pas, seul le professeur K. s'est comporté de la sorte. Plus tard, j'ai été suivie à Lille par un autre professeur, plus disponible, celui là : le professeur J.

Professeur K., professeur J., professeur X… Je vous l'accorde, l'énumération fait un peu *Men in Black* ! Mais quelque part, les médecins eux aussi luttent contre les monstres. Parfois même contre des extraterrestres !

JE M'ORGANISE

Trois posters offerts par maman... Il faut au moins ça pour égayer ma chambre stérile. L'un représente un trombone dans lequel dort un bébé. Maman pense qu'il me va bien, je passe pas mal de temps à dormir, en effet. Le deuxième représente une petite fille gravissant quatre marches. Autre symbole car j'ai moi aussi une étape à franchir : encore quatre semaines de chimio. Et puis j'ai accroché au mur la mer en furie. Question décoration, je ne peux pas faire plus. La chambre est trop petite.

À l'hôpital, tuer le temps est une des occupations principales des malades. D'autant que pour nous, les jeunes, les activités se comptent sur les doigts d'une main. Et encore.

Il y a bien les « dames en rose », des bénévoles qui passent dans les chambres à l'heure du goûter pour proposer une collation ou une boisson. Je les aime beaucoup. Désireuses d'apporter un peu de réconfort, elles ont toujours un mot gentil pour les patients. Selon le moment, elles se montrent discrètes ou bavardes... Dans le cadre de leurs échanges avec les patients, leur rôle consiste aussi à proposer des loisirs aux malades. Pour les personnes âgées, c'est facile. Tricot ou point de croix trouvent toujours preneur. Pour les enfants, il y a les jouets. Mais pour les jeunes adultes ? Les jeunes ont des centres d'intérêt -sorties, voyages, concerts, sport difficiles à satisfaire au sein d'un hôpital, à part le cinéma, peut -être, ou la télévision. J'ai dû faire face à ce problème dans tous les services que j'ai fréquentés. Quand, de plus, on mijote en chambre stérile, c'est le pompon !

Il y aurait pourtant une solution : Internet est une activité de plus en plus répandue. Une activité et un moyen de communication fantastique pour qui est enfermé entre quatre murs sans pouvoir en sortir. Pourquoi ne pas équiper les chambres stériles d'ordinateurs ? Par bonheur, j'en possède un. Cadeau de mon père deux mois plus tôt, à l'occasion de mes dix-huit ans. Grâce à ce petit écran magique, les heures défilent. J'y visionne les films que m'apporte mon ami Romain. Je passe le plus clair de mon temps sur la toile. J'ai même créé ma propre page Internet, à l'époque les blogs n'existaient pas. Chaque jour, je donne de mes nouvelles à ceux qui ne peuvent pas venir me voir aussi souvent qu'ils le voudraient. Je me photographie -merci le numérique-afin que mes proches suivent en direct ma bonne humeur mais aussi ma déchéance ! Bon moyen pour soulager mes parents qui croulent sous les demandes, les gens veulent savoir comment je vais, c'est normal. Je m'amuse comme une folle, ça occupe les matinées. À la fin de ma première cure, j'en serai à plus de trois mille visites sur mon site. Je reçois un nombre de mails incroyable.

J'ai transformé la petite table qui se trouve devant l'une des fenêtres en « bureau ». Mes livres de cours s'y entassent, ainsi que mon ordinateur auquel j'ai relié deux baffles, j'ai trop besoin de musique. Je me passe en boucle l'album de Patrick Bruel, celui que j'écoutais quand je faisais du ski. J'ai le temps de redécortiquer ma chanson préférée, *Juste avant.* Étrange… Elle semble avoir été écrite pour moi. Je m'y identifie complètement. Je la fais écouter à tout le monde. Chaque fois, je m'écrie, *tu as vu, c'est fou* ! J'ai l'impression qu'il a vécu la même chose ! Il y a une autre chanson qui me fait beaucoup de bien. Celle d'Hervé Cristiani, *Il est libre, Max,* reprise par Les Enfoirés. Dès les premiers accords, je me sens tout de suite mieux. Alors que je suis privée de liberté, alors que je n'ai plus aucun contrôle sur la situation, alors que les médecins décident pour moi, je m'évade à travers la musique. Je me poste devant la fenêtre, j'appuie sur le bouton « play », je fixe le ciel et c'est parti pour un voyage autour des nuages. Je m'imagine libre comme le héros de la chanson, je m'imagine vivre comme les étudiants de mon âge. Et lorsque je veux me rappeler les moments de folie passés dans l'appartement de Lille avec les jumelles, je mets *Mambo no* 5. Ainsi, je revisite mes souvenirs.

Concernant mes livres de droit, je tiens à les conserver près de moi car je pense travailler et passer les examens en juin. Dans cet état ? "Quelle débile !" doivent penser les autres. Débile peut-être… En tout cas, je suis certaine que ces petits riens sont essentiels pour conserver l'espoir. Des petits riens comme ce devoir de droit civil que je rends pendant ma cure et pour lequel j'obtiens un 14 sur 20. C'est important d'avoir le sentiment d'être encore capable, d'être encore valable. Peut-être que le prof m'a mis une bonne note par pitié… va savoir.

Sur mon ordinateur, je visionne aussi des DVD. Il m'arrive d'en commander sur Internet, c'est rapide et pratique. Pendant que je me concentre sur les images, j'oublie tout, notamment quand je regarde des dessins animés ou des comédies. Les gags de Lafesse, quant à eux, sont un sacré remontant contre la morosité. Je me marre toute seule dans ma chambre. Les infirmières doivent se demander ce que je fabrique ! Ça fait un bien fou. Dieu que c'est bon de rire…

La musique, les films et Internet bercent mes journées. J'oubliais les repas. Eux aussi rythment mon emploi du temps. Avant, je pensais que dans les hôpitaux, la nourriture était immonde. À mon grand étonnement, les plateaux au CHR sont appétissants. Le problème concerne plutôt la diversité. Le plat principal, le fromage industriel, le sempiternel yaourt et la petite brique de jus de fruit ne suffisent pas à me rassasier. Alors maman assure en cas de manque. Elle m'approvisionne en barres chocolatées et en Babybel. Il n'y a que le petit déjeuner qui soit franchement dégueulasse : café, thé ou eau chocolatée. Le tout agrémenté de quelques biscottes. Je n'aime ni le café, ni le thé, ni l'eau chocolatée. Les biscottes, on a vite fait le tour. Quant au lait en poudre… Une fois encore, maman se charge de m'apporter des petites douceurs. Capitales, les petites douceurs, pour arrondir les angles de la maladie ! Je suis fan de gâteaux et de briques de lait au chocolat. La nourriture fait partie des plaisirs de la vie. Et je ne compte pas m'en priver.

MAMAN, LA FAMILLE, LES AMIS ET LES AUTRES…

Maman est aux petits soins avec moi. Il n'y a pas de maman plus adorable sur terre. Mon moindre souhait est exaucé. Je lui demanderais la lune qu'elle serait capable de me la décrocher ! Toujours là, zen, ne laissant jamais paraître la moindre inquiétude. Une maman géniale, telle que nous l'avons toujours connue, mon frère, mes deux sœurs et moi.

Maman a vite arrêté d'exercer son métier d'infirmière pour se consacrer à ses quatre enfants : moi l'aînée, Claire, Alix et Victor. Nous avons toujours eu une relation complice avec elle. À la maison, lorsque nous discutions, il n'y avait pas de sujet tabou. Maman répondait à toutes nos questions. Mon père, lui, travaillait beaucoup. Il rentrait tard le soir, on le voyait peu, je l'ai dit. Il faut avouer que nous passions beaucoup de temps à papoter dans la cuisine, mes deux sœurs, maman et moi. Ma mère était le point central de la famille alors que papa prenait les décisions importantes. Il était plus sévère. Il représentait l'autorité. J'étais la première de la classe mais gare à sa réaction lorsque les notes chutaient ! Il pouvait faire valser les cahiers. Maman savait comment rester cool en toutes circonstances. Elle ne criait jamais. Même lorsque je me disputais avec Claire, de deux ans ma cadette. Longtemps, ça a été la guerre entre nous. J'étais l'aînée et j'avais du mal à supporter l'idée d'être un modèle pour ma petite sœur. Nous en avons cassé, des poignées de porte, à force de tirer chacune de son côté ! Pour rien au monde je n'aurais accepté qu'elle pénètre sur mon territoire sans mon autorisation. Heureusement, nous habitions dans une grande maison familiale. Chacun des quatre enfants possédait sa chambre.

Alix, la troisième dans la lignée, était plus en retrait. Les quatre années qui nous séparaient atténuaient le phénomène de jalousie. Rêveuse dans l'âme, elle était constamment dans la lune, dans un autre monde. Elle parlait peu, elle était très sage, trop sage. Je n'avais pas beaucoup de rapports avec elle. En revanche, je m'occupais pas mal de mon frère. Le petit dernier me faisait craquer. Comme lui, j'étais curieuse de tout, comme lui j'ai été mûre avant l'âge. Comme lui, je me suis intéressée très tôt au sens de la vie.

Depuis, Alix et moi avons rattrapé le temps perdu. C'est assez étrange. Avec ma leucémie, j'ai pris conscience que finalement, elle et moi nous connaissions peu. Alix avait quatorze ans à l'époque de ma maladie. Nous nous sommes trouvées plusieurs fois seules dans ma chambre sans avoir grand-chose à nous dire. C'est en lui demandant si elle avait un petit ami que j'ai pu établir la communication entre nous, au fur et à mesure de ses visites. En bavardant, nous avons découvert que nous avions beaucoup de points communs. Nous avons les mêmes goûts, notamment pour ce qui concerne le domaine artistique. La peinture, les travaux manuels, la manière d'agencer les objets. C'est amusant de voir que nous avons la même conception de la vie alors que nous ne le savions même pas !

Claire, c'est différent. J'ai l'impression d'avoir toujours été proche d'elle, ne serait-ce que par nos bagarres. Elle a le cœur sur la main, c'est une âme sensible et généreuse, elle est très tendre. Elle a aussi un côté naïf qui lui va bien. Nous nous sommes beaucoup chamaillées pendant notre enfance. Chacune avait besoin de trouver sa place. À présent, nous sommes plus matures. Nous nous sommes donc rapprochées. Surtout depuis qu'elle m'a offert « un peu d'elle » en acceptant de me donner sa moelle.

Je suis très attachée à ma famille mais avec ma nature indépendante, je ne pense pas forcément à appeler régulièrement pour savoir comment ils vont, tous. Ils sont là, je les porte dans mon cœur. Au moindre coup dur, j'accours, c'est certain. Cependant, je reste peu démonstrative dans mes sentiments. Disons que je suis comme maman. Je tiens d'elle cette sorte de pudeur.

Si je devais résumer mon enfance en un seul mot ? Normale. J'ai eu une enfance normale. Des parents adorables, un frère et des sœurs avec lesquels j'ai des liens forts. J'ai eu mes crises, comme n'importe quel adolescente. Sauf que dans mon cas, elles ont débuté plus tôt, vers onze ans. Je n'étais pas bien dans ma peau. Plus tard, j'ai pas mal été en conflit avec papa parce qu'il ne voulait pas que je sorte. Il disait que j'étais trop jeune. J'avais du mal à supporter les interdictions. J'étais certaine d'être suffisamment raisonnable pour mériter un minimum d'autonomie. Je ne cherchais pas à faire des bêtises dans le dos de mes parents, même s'il m'est arrivé de me laisser aller à quelques débordements, comme tous les jeunes de mon âge.

Je voulais juste être libre !

*
**

La famille, les amis… Sans eux, j'aurais certainement perdu espoir. Pas un jour sans que mon entourage proche ne se manifeste. Mes parents sont très présents, surtout maman. Papa travaille et ne peut donc faire les allers-retours quotidiennement. Mon frère et mes sœurs poursuivent leur scolarité mais se rendent disponibles pour moi dès que l'école ou le lycée leur en laisse le temps. Quant à Renaud, il m'accompagne à sa manière. Avec tendresse. Leur présence à tous contribue énormément à mon bienêtre, c'est évident. Grâce à leur soutien, je garde un semblant d'énergie. Emmanuelle m'encourage tandis que Sophie, elle, ne semble pas capter l'importance des visites. Elle passe rarement. Il faut avouer que je ne suis pas toujours dans la position idéale pour discuter. Je me souviens de la fois où trois copains ont pénétré dans ma chambre juste après une ponction lombaire. J'étais couchée sans pouvoir bouger, pas même le cou. Pratique pour suivre la conversation ! D'où l'importance du regard. Dans les moments de fatigue extrême, je ne suis pas toujours en mesure de parler. Je me raccroche alors aux yeux de mes interlocuteurs. Le regard fait circuler les émotions : la joie, l'admiration, la pitié, l'anxiété, l'angoisse, l'hypocrisie, la tristesse. On dit souvent que le regard est le miroir de l'âme humaine, c'est tellement vrai. La connerie se lit dans les yeux des imbéciles, elle aussi.

Mes visiteurs n'ont pas le droit de m'apporter tout ce qui pourrait me « contaminer ». Exit donc les plantes, les chocolats, ou toute autre denrée périssable ayant été en contact avec autre chose qu'un emballage industriel hermétiquement fermé. La stérilité est de rigueur. Pas en ce qui concerne ma chambre, toutefois, vu l'état de propreté qui règne dans la pièce !

Un jour, deux copines avec lesquelles je fais du ski depuis mon enfance ont transgressé le règlement en m'offrant un bouquet de fleurs ainsi… qu'une bouteille Thermos. À ma grande déception, le bouquet est resté dans le couloir. Elles ont pu sauver la Thermos in extremis. Pourquoi un tel cadeau ? Juste pour me rappeler une anecdote du temps où j'avais une dizaine d'années et où je voulais frimer sur les pistes. Je m'étais mis en tête de descendre un mur de bosses tout schuss.

En haut de la piste, je me prépare en ajustant mon masque et en fléchissant les genoux. Bâtons de ski en position… c'est parti ! Je m'élance à fond, droit devant. Il neige, je vacille à chaque bosse. Quelques mètres plus loin, mon masque est recouvert de flocons, je ne vois plus rien, rien qu'une ombre gigantesque qui, tout à coup, surgit de nulle part. Je me prends un Hollandais en pleine tronche. Je hurle. Le choc est brutal d'autant que j'ai percuté l'homme de plein fouet dans le dos. Il est aussi surpris que moi, le malheureux. La collision est suffisamment violente en tout cas pour que le sac à dos du Hollandais en question explose. Ses sandwichs valsent ainsi que la fameuse bouteille Thermos qui n'a pas survécu. Le café coule dans la neige. Je suis indemne, l'homme également, mais je crois que lui comme moi nous souviendrons longtemps de cette frayeur. Papa, témoin de la scène, nous rejoint quelques minutes plus tard. Confus, il insiste pour rembourser les dégâts, notamment la bouteille Thermos. N'en connaissant pas le prix exact, il tend au Hollandais un billet de cinq cents francs. Les autres se sont fichus de lui par la suite, cinq cents francs pour une bouteille en plastique ! Ainsi naquit la légende du Thermos.

Nous avons bien ri en nous remémorant l'anecdote. Ce genre d'attentions compte beaucoup quand on est malade. Mes copines avaient tout compris : rire est la meilleure des thérapies. Suzon non plus n'est pas la dernière à essayer de me divertir. Elle a toujours le sourire aux lèvres, ses blagues m'amusent tellement que j'en redemande.

En revanche, Renaud est incapable de cacher son angoisse. Il n'est pas le seul et je ne lui en veux pas. Papa non plus n'est pas très gai lors de ses visites. En fait, je détecte chez lui une nuance de pitié. Il ne supporte pas de me voir souffrir, c'est bien normal pour un papa. Mon père est un homme qui exprime facilement ses sentiments. Il ne peut pas être auprès de moi aussi souvent qu'il le voudrait et ça lui est pénible. Il doit en verser, des larmes… Il préférerait cent fois être à ma place. Mais cette place, pour rien au monde je ne la lui céderais. Je sais ce que j'endure. Ma douleur, je peux la mesurer. Lui ne peut que se la représenter avec, bien entendu, le risque de l'exagérer. Il vaut mieux être de mon côté, je vous assure. Je n'ai rien à perdre dans l'affaire, si ce n'est moi ! Mais si je devais y laisser ma peau, mes parents, eux, seraient obligés de vivre avec le deuil d'un de leurs enfants. Me savoir malade est beaucoup plus supportable que d'imaginer un des miens mourant.

Pendant cette première cure, je reçois aussi beaucoup de courriers de parents éloignés dont j'ignorais l'existence jusqu'alors, d'anciennes connaissances, des amis de mon père, de ma mère ou de mes sœurs.

Je reçois même, par l'intermédiaire d'un de mes cousins, une lettre d'un monastère mexicain ! Vraiment, je suis très entourée. Mon école ne m'a pas lâchée non plus en apprenant la nouvelle. Le directeur, qui ne me connaissait pas avant, a été l'un des premiers à se déplacer. Il a fait tout son possible pour me mettre à l'aise par rapport à mon départ précipité. Une complicité s'est instaurée entre nous. Il affiche les mails que j'envoie régulièrement pour donner de mes nouvelles à la classe. Il s'arrange pour que je puisse suivre les cours par correspondance grâce aux notes des autres élèves. Continuer mes études en parallèle ne me paraît pas une mission impossible. Peut-être que le directeur n'y croit pas une seconde mais il a la gentillesse de me laisser espérer. Mon moral s'en ressent aussitôt. Je suis heureuse de constater que la solidarité existe dans cette école de commerce. Finalement, je ne suis peut-être pas qu'un simple numéro.

Certains puisent la confiance dans la religion. Je ne suis pas contre. J'ai accepté la visite d'un aumônier à l'hôpital mais l'homme, âgé d'environ soixante-dix ans, avait tout faux avec ses prières. Je tiens à préciser que je suis croyante, en effet, mais à ma manière. Je crois en une force supérieure qui me guide. En Dieu ? C'est une autre histoire… J'étais d'accord pour prier avec l'aumônier à une seule condition : qu'il n'évoque ni Marie, ni Jésus. Mon souhait n'a pas été respecté. L'aumônier a démarré sur un « Je vous salue Marie » qui a coupé court à notre rencontre.

Dans les moments difficiles, j'ai l'impression que chacun y va de sa foi, c'est humain. La jeune femme avec laquelle j'ai partagé ma première chambre au CHR m'avait offert, avant mon départ pour la chambre stérile, un petit médaillon à l'effigie de sainte Rita, patronne des cas désespérés. J'ai été touchée par ce cadeau qui ne m'a pas quittée jusqu'à la fin de ma première cure de chimio. Chaque fois que je n'allais pas bien, je le serrais dans ma main. Sans aucun résultat ! Mes petites cousines m'ont envoyé elles aussi une médaille représentant une sainte dont j'ai oublié le nom, une sainte aux mêmes effets que ceux de sainte Rita. Je l'ai conservée sur ma table de chevet, à côté de l'autre médaillon. Est-ce que l'épreuve de la maladie a changé ma façon de voir les choses ? Absolument.

Dans les épreuves, inutile de s'en remettre au Saint Esprit.

Renaud, mon héros

Renaud est malheureux mais il redouble d'attentions à mon égard. Ma première chimio est plus longue que pour d'autres malades : douze semaines au lieu de sept car mon taux de globules blancs stagne. Pendant ces trois mois, Renaud vient tous les soirs après ses cours. Je ne sais pas encore-je l'apprendrai plus tard-qu'il rate la plupart de ceux du matin. Il dort peu, alors il passe une partie de ses nuits à errer devant l'hôpital. Malgré son anxiété, il me couvre de mots doux, de mots qu'une fille a besoin d'entendre, surtout dans ces moments-là. Il me dit que je suis belle. Peu lui importe que je n'aie pas de cheveux. Renaud répète qu'il m'aime et que ça lui est égal. Que je continuerai de lui plaire, quelle que soit la situation. Nous n'avons pas le droit de nous toucher mais nous nous embrassons malgré le masque. Le contact, même aseptisé, reste primordial. Il me rassure, faire des bisous à mon fiancé me rappelle que je suis bel et bien vivante.

Quand on me demande si j'ai jamais douté des sentiments de Renaud, la réponse est immédiate. C'est non ! Dès notre première rencontre j'ai su qu'il n'était pas comme les autres garçons de son âge. J'avais quinze ans à l'époque et j'étais pensionnaire depuis la troisième à Montalembert, un établissement situé à Doullens près d'Amiens. J'étais à l'origine de cette situation. Je pensais que l'éloignement avec mes parents me serait bénéfique. J'ai toujours été très indépendante. Cela n'a rien à voir avec les sentiments -je suis très attachée à ma famille - mais je sentais qu'il était temps de voler de mes propres ailes. Là-bas, j'ai fait la connaissance de Justine, devenue par la suite une amie elle aussi. Le courant est tout de suite passé entre nous. Peut-être à cause de ce coup d'œil qu'elle m'a jeté lorsque, en installant mes affaires dans ma chambre, j'ai laissé tomber un briquet de la poche de mon pantalon. Maman était dans la pièce. L'interrogatoire ne s'est pas fait attendre. Premier réflexe : regarder Justine qui, apparemment, avait tout saisi. J'ai sorti à ma mère une excuse à deux balles, excuse qu'elle n'a pas avalée, bien entendu. Une fois maman partie, Justine et moi avons explosé de rire. Nous étions de la même race ! Justine fumait en cachette, comme la plupart des jeunes de treize, quatorze ans. C'est ainsi que débuta notre amitié, sur cet instant de complicité.

Avec mon côté indiscipliné, je n'ai pas tardé à me faire rappeler à l'ordre à cause du bruit dans le dortoir dont j'étais souvent responsable. Nouvelle élève et première collée de l'année, félicitations !

Sophie et Emmanuelle ont intégré le pensionnat plus tard. Habillées à l'identique, elles se ressemblaient peu malgré la blondeur de leurs cheveux. Je les aimais bien même si, à première vue, je les jugeais un peu coincées, genre BCBG. Il leur a fallu une année pour se dévergonder. En classe de seconde, elles ont vite rattrapé leur retard en conneries. Qu'est-ce qu'on a pu se marrer, cette année-là ! Nous étions toujours pensionnaires mais avec le statut de lycéennes, cette fois-ci. Ce qui signifiait que nous ne dormions plus dans un dortoir mais dans des chambres à quatre lits. Alors que les autres filles devaient se contenter d'une salle de bains commune, Justine, les jumelles et moi avions notre propre coin lavabo douche. Stimulées les unes par les autres, nous avons mis le souk non-stop. Les terminales qui révisaient leur bac ne nous supportaient plus tellement on chahutait. Je me souviens même d'une fois où Emmanuelle et moi étions debout sur nos lits. On s'envoyait chacune à son tour un ballon de handball en sautant comme des dingues sur les matelas pendant que Justine, à poil derrière le rideau, dansait en imitant les filles du Lido, jambe en l'air à l'appui. Le directeur de l'école est entré à ce moment précis. Lui qui ne passait que deux fois par an n'a pas été déçu du déplacement !

Ah… j'oubliais ! Nous mettions la musique à fond alors que les radios et chaînes hi-fi étaient interdites, of course. Bref, des souvenirs délirants.

Malgré ces instants inoubliables, je supportais mal d'être enfermée dans cette école où le règlement m'empêchait de vivre à ma guise. Le week-end, lorsque je rentrais à Saint -Quentin, j'avais juste le droit de sortir une heure ou deux en ville. Pas plus. Je me rendais souvent dans un pub avec un copain de Montalembert qui, lui, était en première. Parmi les amis du lycée Saint-Jean (établissement que j'avais quitté pour le pensionnat), mon attention a tout de suite été attirée par un des garçons assis à la même table que nous. Je connaissais déjà Renaud de vue. Je l'avais remarqué dans la cour lorsque j'étais en cinquième. Il faisait partie des « grands », à l'époque. Intimidée, j'aurais été incapable de parler à un « troisième », à ce moment-là. Sa bande était composée des garçons les plus mignons du collège, sur lesquels il m'arrivait de jeter des coups d'œil de temps à autre.

Le jour de notre « vraie » rencontre, Renaud avait dix-sept ans et n'était pas particulièrement attrayant. Il avait glissé la paille de sa boisson dans ses cheveux longs afin de les nouer en une sorte de chignon. Malgré cette drôle de coiffure, je me suis sentie attirée irrésistiblement. Ce fut le coup de foudre et un coup de foudre ne s'explique pas. J'ai pensé à lui la semaine qui a suivi, j'ai même soûlé les copines avec ça ! Nous nous sommes revus le week-end d'après, au même endroit. Cette fois, nous avons pris le temps de discuter sérieusement, à deux. Nous nous sommes trouvés bon nombre de points communs. Il me plaisait vraiment beaucoup, sans doute à cause de son regard un peu spécial. S'il fallait choisir une qualité pour le décrire ? Il est tendre. Renaud fait partie des gentils de ce monde. Et moi j'avais besoin d'un gentil qui me protège. Son mètre quatre-vingt-trois et sa carrure de rugbyman ont fait le reste. J'ai pris l'initiative de notre premier baiser. Au lieu d'une simple bise sur la joue en guise d'au revoir, je l'ai embrassé. Joli début, non ?

*

**

Renaud est ému. Quelque chose ne va pas. Il tente de retenir ses larmes. Je l'interroge jusqu'à ce qu'il finisse par cracher le morceau. Sa mère a de nouveau un cancer du sein. Comme si l'annonce de ma leucémie ne suffisait pas ! Pour mon « fiancé », déjà inquiet de nature, cette nouvelle est un coup de massue supplémentaire. Il n'a que vingt ans et les deux femmes les plus importantes de sa vie sont malades. Je n'en ai pas le droit mais le moment est trop intense pour que je m'en tienne aux ordres des médecins. Je demande à Renaud de s'installer à mon côté sur le lit et j'ose, pour la première fois depuis mon hospitalisation, le prendre dans mes bras. Je le sens seul. Il a peu de vrais amis à qui parler. De plus, Renaud supporte mal ce qu'il croit être une mise à l'écart de la part de ma mère et de mon père qui voient les médecins régulièrement mais oublient parfois de le tenir informé de l'évolution de ma leucémie. Il aimerait être associé aux rendez-vous entre mes parents et le professeur K. Mes parents concentrent leur attention sur leur fille, quoi de plus légitime, mais cette incertitude et ce manque d'informations le font terriblement souffrir. Nous sommes maintenant ensemble depuis trois ans mais aucun « statut » ne lui permet de penser qu'il fait véritablement partie de la famille. Pour moi, Renaud est aussi important que les autres. Il est celui qui me fait des papouilles sur les bras pendant des heures. J'ai besoin de le voir et pourtant je culpabilise : s'il continue à ce rythme, il va lâcher prise et rater ses études. Renaud précise alors qu'il ne reste pas près de moi pour me faire plaisir mais parce que ces visites régulières lui sont salutaires.

En fait, nous nous guérissons mutuellement.

ÇA Y EST ! LES GLOBULES BLANCS REMONTENT

Le contrat est clair : pas de hausse des globules blancs, pas le droit de sortir de ma chambre stérile. Il m'en faut au moins mille pour espérer une éventuelle permission. Nous vivons tous au rythme de ces cellules censées défendre mon organisme. Les quatre semaines de chimio ont eu pour but de les détruire toutes, bonnes ou mauvaises. La moyenne, pour une personne normalement constituée, se situe entre quatre mille et dix mille globules blancs par mm^3 de sang. Chaque jour, je consulte le baromètre de mes défenses immunitaires. Cinq globules de plus suffisent à mon bonheur. En revanche, lorsque le taux stagne, je vais jusqu'à penser que c'est foutu. Drôle de voir comme une amélioration, si minime soit-elle, peut provoquer autant d'émotions. Tous les matins, les infirmières me prélèvent un peu de sang. S'ensuit alors une course folle à l'espérance. Ma matinée ne tourne qu'autour de l'attente des résultats. Dès que je les ai entre les mains, j'appelle mes parents pour leur faire part de ma numération sanguine (les médecins entre eux appellent ça : la num'). Qui va gagner entre les globules blancs, les globules rouges et les plaquettes ? Mes proches sont eux aussi pendus à l'annonce journalière du tiercé gagnant. Autant dire que nous nageons dans le stress permanent.

Stress d'autant plus palpable que mes « blancs » se montrent paresseux. Je sais ce que cette inertie me coûte. Mon séjour à l'hôpital s'allonge d'autant. J'ai peur. Et si la chimio n'avait pas fonctionné ? J'en suis déjà à trois semaines de plus que prévu normalement. Trois semaines… une éternité ! Je suis enfermée depuis deux mois, je n'en peux plus. Je suis comme un lion dans une cage. Chaque fois que je me sens menacée dans mon intégrité, je finis par péter un câble.

Ce jour-là, je suis avec Renaud. J'en ai tellement assez que je pique une crise de larmes, je crie tout en frappant mon lit. *Je préférerais encore mourir plutôt que de rester à pourrir dans cette chambre.*

Je ne suis plus moi-même, je ne sais pas ce que je dis. Bien sûr que je ne veux pas mourir ! Mais l'attente est intolérable.

En réalité, l'intolérable, c'est le manque. Plus de morphine, ont dit les médecins. Avec la drogue, on dort beaucoup et pendant qu'on dort, on ne pense pas, on ne souffre pas. Deux jours de sevrage et tout bascule dans l'excès inverse. Fini les siestes ! Sans ma copine de chambrée, je suis en forme. Pis… surexcitée. Pour les nerfs, ce n'est pas bon, mais alors pas bon du tout ! Quand mes parents apprennent ma crise, ils décident de remettre les pendules à l'heure. Ce que je vis n'a rien à voir avec une simple grippe. C'est sérieux. Très sérieux ! Je peux mourir, en ai-je au moins conscience ? L'épisode de la ponction lombaire ne m'a pas suffi ? Ils ne sont pas trop de deux pour me mettre du plomb dans la cervelle car c'est vrai, dans le fond, je ne suis pas bien certaine de réaliser la gravité de mon état. Je suis inconsciente et ne me ménage pas. Désormais, les choses ne seront plus jamais les mêmes. J'en prends conscience avec la mise en garde sévère de mes parents. Leur colère m'est utile, même si je vieillis de dix ans tout à coup. Même si l'enfant que je suis encore parfois dans ma tête vient de s'éteindre.

Puisqu'il n'y a plus que la maladie dans ma vie, puisqu'elle prend toute la place, puisqu'elle m'étouffe, puisqu'elle me mange, je m'adresse à elle comme je m'adresserais à mon ennemie. Je lui parle, je l'apostrophe, je l'insulte. Elle a presque quelque chose d'humain avec son côté visqueux. C'est ainsi que je me représente la leucémie.

Comme une énorme méduse noire aux tentacules diaboliques.

*
**

Mille globules ! Onze semaines pour atteindre ce chiffre tant espéré, tant désiré, tant attendu ! Tout va très vite. J'ai le droit de sortir mais pas avant d'avoir subi l'épreuve du myélogramme, c'est-à-dire une ponction de la moelle osseuse qui permettra de définir avec certitude si les cellules cancéreuses ont disparu. Si ça peut leur faire plaisir... Je suis prête à tout pour ces quinze jours de répit auprès de ma famille. Je ne me fais aucune illusion. Je sais que l'hôpital et moi n'en avons pas fini. Le protocole recommande deux chimios successives, quels que soient les résultats de la première. D'après les médecins, après une permission de quinze jours à la maison, je devrai revenir pour une deuxième cure de même durée mais avec un traitement moins fort, cette fois-ci. J'essaie de négocier une cure ambulatoire, c'est-à-dire chimio à l'hôpital dans la journée mais dodo à la maison chaque soir. Romain l'a bien fait, lui ! On s'oppose à ma requête. Je devrais interpréter ce refus comme un avertissement déguisé. Eh bien, non, je n'interprète pas. Je n'ai aucun soupçon. Pourquoi en aurais-je, d'ailleurs ? L'interne à qui je demande si je suis en voie de guérison me dispense même des résultats du myélogramme. Inutile de les attendre. D'après lui, le bilan sanguin est encourageant. C'est donc un signe... positif.

Fausse joie...

Heureux, nous sommes tous si heureux ! Pour l'occasion, nous partons fêter l'anniversaire de ma petite sœur Alix au bord de la mer, au Touquet. Tout le monde est content de se retrouver enfin à visage découvert dans cette ville où j'ai laissé tellement de souvenirs d'enfance. Maman a installé des coussins à l'arrière de la voiture pour que je n'aie pas mal durant le trajet car ma peau et mes muscles en ont pris un coup, je suis sensible à la moindre pression. Une fois sur place, je revois mon grand-père maternel et sa seconde femme Monique, épousée après le décès de Mamie. Entourée de ma famille et de Renaud, je me promène sur la plage. Armée de mon chapeau sous lequel j'ai glissé un bonnet, de mon écharpe qui protège mon cou et ma bouche, je ressemble à une momie, on ne voit que mes yeux. Je suis émerveillée d'être au-dehors, parmi eux tous. Je n'ai même pas envie de fumer. La journée est magnifique mais le soir, au moment de couper le gâteau, maman est introuvable. On l'appelle, elle ne répond pas. Inquiète, je monte voir si elle ne se serait pas réfugiée dans sa chambre, par hasard. Je hurle dans la cage d'escalier :

– Maman ? Tu es où ? Tu es où ?

Je la trouve en pleurs sur son lit. Je lui demande :

– Tu veux rester seule ?

– Oui, sanglote-t-elle.

Je suis triste mais je respecte sa décision. Je ne veux pas en rajouter en m'imposant dans la pièce. Maman n'avait jamais encore craqué devant moi. Je me sens coupable… Je n'aurais pas imaginé qu'elle puisse le faire, elle paraît tellement solide habituellement. Maman… Je n'ai pas de mots pour lui exprimer ma reconnaissance, je lui dois ces moments de souffrance partagés à deux. À l'hôpital, elle était mon oxygène. Maman est à la fois une amie à qui je confie mes pensées les plus secrètes, une copine avec laquelle je ris de bon cœur, une mère qui me raisonne lorsque je dépasse les limites, une aide saignante qui m'aide à faire ma toilette du matin, une infirmière qui m'explique chaque étape du traitement, une sœur qui me soutient dans les moments critiques, une psychologue qui m'écoute et me guide. Elle est absolument tout cela à la fois. Capable de se plier en quatre pour obtenir ne serait-ce qu'un sourire. Disponible vingt-quatre heures sur vingt-quatre, elle donne tout.

Malgré la maladie, j'espère lui rendre la pareille.

*
**

– Qu'est-ce qu'on fait, aujourd'hui ?

Le lendemain matin, je m'enquiers du programme de la journée. Je déchante aussitôt. Maman est navrée mais…

– Le professeur K. nous a appelés hier soir sur le portable de papa. Ils ont eu les résultats du myélogramme. La cure n'a pas marché, ils t'attendent d'urgence à l'hôpital lundi matin pour une deuxième cure un peu plus forte. Ils envisagent une greffe de moelle osseuse. Nous repartons demain, si tu veux. On peut changer d'endroit, aller où tu le souhaites.

Changer d'endroit ? Mais je suis très bien ici. Je n'ai pas envie d'être ailleurs. Ici, il y a tout ce qui fait mon bonheur : ma famille, Renaud, mes amis et la mer.

Sonnée, je suis sonnée. Je pleure de désespoir. Les questions se bousculent dans ma tête : « Quoi ? Quand ? Comment ? Pourquoi ? Avec qui ? Avec quoi ? Où ? Combien de temps ? Dans quelles conditions ? »

Le ciel me tombe sur la tête. Je me fiche de n'avoir plus de « vacances ». Ce qui m'inquiète, c'est cette greffe dont me parle maman. L'espace d'une seconde, je m'interroge quant au donneur. Y en aura-t-il un, au moins ? Oui, Claire est compatible. D'après un examen effectué auprès de mon entourage (ce qu'on appelle un typage HLA), il apparaît que ma sœur a une carte génétique du sang à peu près identique à la mienne. Bon, c'est déjà ça. Mais c'est quoi les séquelles de la greffe ? La stérilité. D'accord. Combien de chances que ça marche ? Une chance sur deux ? OK. Et cette nouvelle cure, elle sera longue ? On ne sait pas encore. Dans quelles conditions ? Chambre plus aseptisée encore que la précédente. Un sas d'entrée, trois rideaux en plastique autour du lit. Point barre. Chimio de bœuf ? Pas possible ! Le traitement que je viens de subir était pourtant costaud ! Je n'ai encore rien vu. Cette fois, je joue dans la cour des grands. De ceux qu'on abrutit de morphine non-stop histoire de leur faire supporter l'insupportable. Je réalise sans réaliser. La stérilité ? Je suis dans l'incapacité d'en mesurer réellement les conséquences. Chaque chose en son temps. Pour le moment, il s'agit de sauver ma peau !

Je repense à ce crétin d'interne qui nous a fait croire au miracle deux jours plus tôt, et aussi au fameux professeur K. qui ne possède pas un soupçon de psychologie. C'est tout de même incroyable de laisser partir un patient sans avoir pris les précautions nécessaires au préalable. Qu'est-ce que je fais, moi, maintenant ? Je reste là et je continue mon week-end comme si de rien n'était, ou je pars loin, très loin, fuir ce destin qui me terrifie ?

La vie continue, je fais face. Si quelqu'un là-haut veut que je sache ce que le mot « souffrance » signifie, alors je lui fais un bras d'honneur. Si quelqu'un là-haut veut que je sache *vraiment* ce que le mot « souffrance » signifie, alors je lui crie haut et fort, *merde* ! Aujourd'hui, la religion, les dieux et tout le bordel, c'est fini ! Aujourd'hui, il n'y a plus que moi et moi. J'accepte mon destin, il le faut. Ne serait-ce que pour accéder à un avenir meilleur.

Après avoir encaissé la nouvelle, je pars dans le jardin fumer une clope, plus rien à foutre des interdictions. J'appelle Emmanuelle et Suzon à la rescousse. J'ai envie de les voir avant de replonger dans le noir car dès demain nous repartons vers Saint-Quentin à deux voitures.

Je suis à l'avant, dans la Range Rover de papa. J'écoute une de mes chansons préférées, *Torn,* de Natalie Imbruglia. Je regarde défiler le paysage en pleurant. La voiture symbolise mon retour à l'hôpital. Je pleure car cette fois j'envisage sérieusement l'idée de pouvoir y passer. Quand on est jeune, on n'a pas conscience de la mort. Beaucoup d'accidents de la route sont là pour en témoigner. On s'amuse, on danse, on boit. Mais la mort n'est pas difficile, elle fauche au hasard, pas de hiérarchie dans le classement. J'imagine mon enterrement tout en bouillonnant de colère. J'ai vraiment l'impression d'avoir été trompée par le corps médical. Moi, j'étais persuadée que ma première cure allait marcher. On m'a trompée comme on m'a trompée avec le cancer de mamie. Dans les deux cas, c'est l'effet de surprise qui fait mal. Si mal.

Le lundi soir, je quitte à regret Claire, Alix, Victor et papa. Maman et moi repartons, direction Lille. Une grande partie de mes amis viennent manger avec nous au restaurant, me démontrant leur fidélité.

Nous comptons passer la nuit dans un hôtel de la ville afin de nous présenter tôt à l'hôpital. Dans ma valise, mon ordinateur portable, des baffles, quelques culottes, des chaussettes et voilà. Je dors mal, évidemment. Le stress… et puis cette espèce d'infection dans la gorge qui me fait cracher et racler à tout bout de champ. Toutes les trente secondes, je vérifie si maman respire encore. J'ai peur qu'elle me quitte, qu'elle meure dans son sommeil. Le pire est que maman agit de même ! Pour vous dire le niveau d'angoisse qui règne dans la chambre… Cette nuit-là, la mort ne quitte pas nos esprits.

Le réveil s'agite, mon heure a sonné. En route pour de nouvelles aventures. Youpi !

Chapitre 3

Deuxième cure au CHR de Lille

Les nouvelles aventures prennent un peu de retard puisqu'on nous appelle pour nous dire que ma chambre n'est pas encore prête. Sursis jusqu'à 14 heures. Génial ! Maman et moi profitons de l'aubaine pour nous offrir un bon repas au restaurant. Nous savourons chaque minute volée au temps qui presse. Cela étant, je suis impatiente de faire connaissance avec mon nouveau chez-moi.

Aucun dépaysement à l'horizon. On prend les mêmes et on recommence. Le service n'a pas bougé, les infirmières et aides soignantes non plus. Ce sont celles à qui j'ai lancé fièrement, il y a quarante-huit heures à peine : « À dans quinze jours ! » À leur regard, je comprends qu'elles savent déjà. La cure n'a pas fonctionné. Eh non…

Alors que l'ancien couloir où se trouvait ma chambre stérile était ouvert sur les autres services, le nouveau, lui, est « condamné » par une grosse porte munie d'une sonnette. Une fois là-dedans, plus de contact avec l'extérieur. À partir de cette limite, bonjour Mars ! Le masque, la blouse, le bonnet et les chaussons en papier sont toujours obligatoires pour toute personne pénétrant sur le territoire. Près de chacune des quatre chambres, on accède par un sas à un espace réservé au lavabo pour se désinfecter les mains ainsi qu'à un plan de travail sur lequel les infirmières préparent le poison. Tout ici est transparent et surtout tout est dans un état pitoyable. Le service donne une impression de sordide. L'éclairage blafard est loin de mettre en valeur le vieux carrelage et les murs jaunâtres. Oups… Mon cœur se serre. J'ai une boule dans le ventre.

Tu parles d'une chambre ! La décoration est réduite à son strict minimum. Trois rideaux en plastique pour entourer et protéger mon lit, un lavabo, une table de chevet et de nouveau une chaise percée. Mon nouvel espace vital se réduit à deux mètres carrés. Quant à l'intimité… Le personnel médical a vue sur mon réduit.

Première chose, la plus importante : j'installe mon ordinateur. Mes vêtements ? Rangés à l'extérieur, de l'autre côté des rideaux, dans deux caisses séparées : une pour le linge propre, l'autre pour le linge sale. Si j'ai besoin de mes sous-vêtements ou d'une paire de chaussettes, je lève le doigt, comme à l'école. *S'il vous plaît, madame, ma culotte !* En somme, mon territoire s'est encore rétréci. On anticipe mon état de futur légume, certainement. Les dés sont jetés mais le score est incertain.

Pas de temps à perdre : les premières injections de chimio commencent dès cet après-midi. Tenue de rigueur : le pyjama. Lors de ma première cure, je prenais soin de m'habiller entièrement. J'enfilais même un soutien-gorge, ce qui, vu les circonstances, ne m'était pas d'une grande utilité mais enfin… Ce faisant, je me persuadais d'être encore une fille. Au fil du temps, mes visiteurs se rabattent donc sur la même idée de cadeau. Une fois, ma grand-mère paternelle en profite pour m'offrir cinq pyjamas d'un coup. Depuis, je possède toute la collection Arthur de l'année 2000.

BONJOUR LES HALLUCINATIONS !

Je passe d'une injection une fois par semaine (il me fallait bien les six jours suivants pour m'en remettre) à une injection quotidienne. Je suis dans un de ces états ! Comme bousillée de l'intérieur. Ma gorge me fait mal. Qu'on ne me demande pas d'avaler ! Quant à ma tête, ma pauvre tête… Avec cent milligrammes de morphine -la dose est costaud mais la douleur l'est aussi ! -je passe direct de l'asthénie aux hallucinations les plus folles. Dans les plis de mes rideaux, je vois des squelettes qui dansent. Le reflet de mon âme ? Qui sait… Il n'est pas rare que les infirmières me surprennent en plein délire avec des interlocuteurs invisibles. Une fois, j'affirme à l'une d'entre elles que je parle à un monsieur. On me fait comprendre qu'il n'y a personne dans la chambre. Je regarde mieux. Effectivement ! Je me tape la discute avec personne, pourtant je me souviens très bien à quoi il ressemblait, l'homme avec lequel je conversais. Plutôt baraqué, il portait un costume gris. Il devait avoir l'âge de mon père.

Il était accompagné d'une femme avec un chignon mais elle, j'ai oublié son visage. Racontées ainsi, ces anecdotes peuvent prêter à sourire. Elles peuvent cependant virer au drame, parfois.

Une nuit, je me lève pour un besoin pressant. La chaise percée est au pied de mon lit. Lorsque je me recouche, impossible de m'installer correctement. Les draps sont mal mis. Quelqu'un a refait mon lit en portefeuille. À coup sûr, c'est une sale blague de maman. Elle a dû profiter du moment où je faisais pipi pour me jouer un mauvais tour. Folle de rage, je m'empare du téléphone et l'appelle sur son portable. Il doit être deux heures du matin. Je hurle dans le combiné :

– Maman, pourquoi tu as défait mon lit ? Elles ne sont pas drôles, tes blagues !

Je suis tellement nerveuse qu'un des sparadraps qui maintiennent les tuyaux de mes perfusions se décolle.

Maman n'y comprend rien. Surprise, elle tente de me résonner.

– Quoi ? Mais je suis à Flavy, dans notre maison de campagne ! Je ne suis pas venue dans ta chambre !

– Ce n'est pas vrai, tu mens en plus ! À cause de toi, mes perfs sont décrochées !

– Perrine, ce n'est pas possible. Je te répète que je suis à Flavy. Comment aurais-je pu venir dans la nuit ? Pour quelle raison aurais-je défait tes perfs ?

– Parce que tu as voulu me faire une blague de mauvais goût. Bonne nuit !

Je lui raccroche au nez soudainement.

Sur le coup, je ne réalise pas la violence de mes propos. La morphine accentue mes réactions au maximum.

Dans la minute qui a suivi, maman, folle d'inquiétude, a immédiatement contacté le service pour lui rapporter mes propos incohérents. Une équipe s'est alors précipitée dans la chambre pour vérifier. Mes perfusions n'avaient pas bougé.

Je dormais comme un bébé.

MALBOUFFE ET SILENCE RADIO

S'il m'arrive de dormir comme un bébé, on me nourrit également comme un bébé. Je ne peux rien avaler. Conséquence : on mixe tous mes plats. Viande, poisson, légumes… tout y passe. C'est beurk, chaque bouchée devient rapidement un enfer et le repas ma hantise. Les infirmières essaient les petits pots Blédina. Désolée, même ça, je ne peux pas. Pourtant, si je veux conserver un minimum d'énergie, je dois résister. Je maigris à vue d'œil. La morphine réduit mon champ d'action. Parler me fatigue, je ne veux voir personne. La drogue me fait divaguer. Je suis tellement abattue physiquement -le moral résiste, mais jusqu'à quand ? -que même utiliser mon ordinateur relève de la contrainte. La télé ? Non merci. Mon cerveau hiberne, je frôle l'état comateux. Récemment, ma tante m'a raconté que je n'étais plus, à cette époque, que l'ombre de moi-même. Elle se souvient de maman me portant au cours de ma toilette ou lorsqu'il fallait refaire mon lit. Fusillée par la morphine, je suis tellement maigre que désigner chaque os de mon corps devient un jeu d'enfant. Qu'on me foute la paix et qu'on me laisse roupiller tranquille. Les infirmières pensent que je déprime. Si je veux voir un psy ? Pas question. Je ne déprime pas, je n'ai plus de force. Nuance.

À chaque trajet que maman effectue en voiture à cette époque, elle écoute une chanson de Florent Pagny, *N'importe quoi,* écrite pour une droguée : « Dis-moi, pourquoi t'es comme ça, pourquoi tu veux pas, pourquoi t'essaies pas ? […] Pourquoi ? Pourquoi tu comprends pas, que c'est pas vrai tout ça, que tu reviendras pas, si tu t'en vas par là ? Et moi, tu crois qu'je vais rester là sans rien dire ? Ne crois pas qu'je vais rester planté là à te voir partir dans tes délires et te laisser faire n'importe quoi. »

Sans commentaire.

Les petits pots ne passent toujours pas. Qu'à cela ne tienne. On me nourrit par voie intraveineuse. Rayon perf, je m'y connais. La délicieuse potion censée me remplumer se nomme Kabimix. Je bouffe donc du Kabimix en intraveineuse et en continu. Je bouffe et je vomis ! Je vomis tout le temps. On se demande bien pourquoi, vu le peu d'alimentation ingurgité dans la journée. Après enquête, il apparaît que le responsable de ces rejets à répétition n'est autre que… le Kabimix en personne ! Malheureusement, l'équipe médicale n'a pas le choix. Soit je m'incline, soit je dépéris. Je rêve d'un grand verre d'eau mais je ne peux pas boire non plus.

Je me souviens du jour où je parlais avec je ne sais plus qui - papa, je crois -et où je me suis mise à vomir sur moi. Il y en avait partout. La honte.

Rien pu contrôler.

*

**

Pipi, caca… Après l'ère du vomi, celle du prout. Je dois uriner et déféquer en public, sans compter les infirmières qui me lavent des pieds à la tête. Maman prend la relève le plus souvent possible, parfois le matin, parfois en début d'après-midi. Elle est quand même obligée de faire deux cents kilomètres par jour ! Maman se montre d'une patience infinie. Et de la patience, il en faut car on ne peut pas dire que je sois du genre conciliant. J'ai la peau tellement sensible que je supporte mal le contact physique. À la moindre pression je me raidis. Et je râle. En temps normal, j'apprécie les massages mais là… Maman est obligée de passer de la crème sur mon corps, à cause du dessèchement. La sensation est loin d'être agréable. Pas parce que maman *le* fait mal mais parce qu'elle *me* fait mal ! Le summum de l'humiliation est atteint avec le compte rendu mentionnant la consistance de mes besoins naturels. Après avoir vidé le bassin dans lequel je me soulage, les aides soignantes me font un rapport détaillé de mes productions quotidiennes : urine colorée, selles molles, selles dures… bref, tout un programme. Sans compter les discussions passionnantes qui s'y rapportent. À l'hôpital, on ne dit pas chiasse mais selle liquide.

C'est quoi la différence exactement ? Et vous en faites quoi, après, de toute cette merde ? Expo ? Collection ?

J'en ai souvent marre d'attendre que l'infirmière arrive, surtout quand l'envie est pressante. Une fois, je me rebelle et tente un semblant d'autonomie en m'approchant tant bien que mal des toilettes, euh… je veux dire de ma chaise percée qui tient au sol au moyen de quatre roulettes bloquées. Ce jour-là justement, elles débloquent. Je m'appuie in extremis sur mon trône quand soudain, patatras ! Je suis projetée de l'autre côté des rideaux, sous une table située en dehors de l'espace autorisé. Je me prends d'office un superbe hématome. Il est tellement important que j'ai conservé une partie du bleu sur le genou, quatre ans après, eh oui…

À part ça ? Pas grand-chose ! Dans mes rares moments de conscience, je me laisse bercer par le ronron du flux laminaire qui se trouve au-dessus de mon lit. Il s'agit en fait d'une grille fixée au plafond dont le but est de stériliser la pièce. Le moteur tourne en permanence, jour et nuit. Sinon ? Eh bien… je fixe la télé. Le mois de mai rime avec Roland Garros, ça tombe bien, j'ai eu un coup de cœur l'année dernière pour un joueur russe issu des qualifications, Marat Safin. J'essaie de regarder les matchs mais la morphine brouille souvent les ondes. Dans mes rares moments de lucidité, je suis également une série sur les travaux manuels (« Art Attack ») diffusée par Disney Channel. Aujourd'hui, je ne supporte plus cette chaîne. Quant à la tronche de l'animateur, je ne peux plus la voir en peinture. Pourtant, j'aimais bien Disney Channel. Les dessins animés apportaient un peu de gaieté et de couleur à ma chambre.

Reste que la plupart du temps, la télé est éteinte, les images me fatiguent. D'ailleurs tout me fatigue. Mon niveau de concentration est au plus bas. Telle loir, je dors du matin au soir. Dans ces conditions, inutile de me demander de faire vivre mon site internet. Laissé à l'abandon, il vivote par l'intermédiaire de papa qui se fait passer pour moi. Mais lui aussi finit par rendre son tablier.

Je ne suis pas la seule à m'essouffler, on dirait.

Erreur de casting

Dans tous les métiers il y a des erreurs de casting. Même chez les infirmières, malheureusement. Elles sont pourtant nombreuses à faire leur travail avec humanité et je voudrais profiter de ces quelques lignes pour leur tirer mon chapeau. Bravo, vous êtes formidables ! Vous êtes formidables, sauf une ! Chacun a droit à l'erreur mais quand les erreurs se répètent, ce n'est plus du hasard, c'est de l'incompétence. Et en médecine, l'incompétence ne pardonne pas.

L'infirmière dont il s'agit se prénomme Fatima. Je donnerais ma main au feu qu'elle se trouve là par hasard. Elle s'est trompée de chemin ou alors d'hôpital. Elle a vu de la lumière, est entrée, on l'a embauchée. Elle n'a aucune idée de ce que veut dire le mot compassion. Elle sait à quoi ressemble un cathéter mais a dû égarer le mode d'emploi. Manque de chance, Miss Fatima officie dans le service qui m'a accueillie.

À la suite d'une infection, on a momentanément remplacé mon cathéter par un drome. Le principe reste le même mais au lieu de le placer au-dessus de la poitrine, on plante le tuyau dans le pli intérieur du coude. La manip n'est pas agréable mais l'équipe médicale n'a apparemment pas le choix. Pour la petite histoire, durant le changement, la veine de mon bras a pété. Je ne parle même pas de la douleur. Une de plus.

Mais revenons à Fatima qui s'évertue à brancher une poche de sang sur mon drome. Au moment même où il commence à couler, mon corps s'enflamme. Je brûle de l'intérieur. Je supplie Fatima d'arrêter immédiatement. Elle s'exécute alors, pour reprendre de plus belle. Madame veut vérifier si la réaction soudaine est bien due à la transfusion. Merde ! Il faut être stupide ou aveugle pour ne pas se rendre à l'évidence. Bien entendu qu'elle est due à la transfusion ! Au deuxième essai, la douleur réapparaît aussitôt. C'est bien ce que je pensais. Fatima doit être aveugle, ou sourde, ou les deux à la fois. Troisième tentative. Stop à l'acharnement ! Elle appelle une de ses collègues à la rescousse pour une nouvelle démonstration. L'autre infirmière, qui, elle, a toute sa tête, lui ordonne d'arrêter le massacre. Ouf ! Fatima cesse de jouer à me faire mal. Une femme comme ça, on n'en trouve pas deux. Un seul exemplaire suffit.

Je finis par la haïr. Je crois qu'elle me le rend bien car je ne me gêne pas pour lui faire comprendre que ses collègues travaillent mieux qu'elle. Elle m'exaspère. Elle n'a pas sa place auprès des malades. Lors d'une prise de sang, Fatima me pique pas moins de neuf fois. Ne pas trouver ma veine tout de suite, passe encore… Elles sont sacrément abîmées, mes veines, avec tout ce qu'elles subissent. Mais neuf fois ! Qu'elle passe la main à quelqu'un d'autre si elle ne sait pas faire ! Fatima m'obéit. C'est bien la première fois. Pour couronner le tout, sa collègue trouve ma veine sur-le-champ, je n'ai même pas mal. Fatima semble honteuse. Je suis contente que les rôles soient inversés, ne serait-ce que l'espace d'un instant. À son tour d'en baver un peu. La guerre est déclarée.

SOPHIE ET SES PHOTOS DU PÉROU

Pas plus de deux visiteurs à la fois, le règlement est formel. C'est bien suffisant car je suis tellement épuisée que je ne recherche pas la compagnie à tout prix, sauf celle de ma famille et de quelques proches dont Caroline, une amie de mes parents, qui vient me voir régulièrement. Qui *venait* me voir régulièrement, pour être plus précise. Je peux comprendre qu'au fil du temps, elle ne se soit plus déplacée. Les conditions n'étaient pas toujours faciles à supporter. Caroline était témoin de ma dégringolade. L'immobilisation complète, la douleur qui tétanise. Je ne pouvais même pas téléphoner. J'avais un drome dans chaque bras et de la morphine plein le corps. Je délirais tout en pleurant. Un jour, je l'ai suppliée d'appeler mes parents pour leur dire de venir très vite. Caroline, paniquée, ne savait pas quelle attitude adopter pour me réconforter. Elle ne voulait pas inquiéter ma famille. En désespoir de cause, elle a fini par téléphoner à papa. Si j'avais été à sa place, comment aurais-je réagi ? De la même manière, probablement. Être confronté à la souffrance des gens qu'on aime est très douloureux. On se sent impuissant. Caroline a espacé ses visites par la suite. Je ne lui en veux pas. C'est humain. *Caroline, je te remercie d'être passée régulièrement au début et de m'avoir aidée. Tu es quelqu'un de bien !*

Les contacts avec Emmanuelle, en revanche, me mettent mal à l'aise. C'est pourtant ma meilleure amie. Mais c'est justement parce qu'elle est ma meilleure amie que sa présence me fait mal. En réalité, sur le moment, je lui en veux d'être en bonne santé, de mener une vie d'étudiante alors que je suis cloîtrée dans cette chambre aseptisée dans un état de délabrement avancé. Je lui en veux parce qu'il lui est impossible de se mettre à ma place. La pauvre... Une fois, je me suis carrément montrée désagréable, et je lui ai fait comprendre qu'elle devait me laisser seule. Je venais d'avoir une discussion avec ma gynécologue à propos de ma future stérilité.

Sa sœur elle aussi me dérange, mais pas pour les mêmes raisons. Cette fille n'a aucun sens de l'à-propos. Un jour, de retour du Pérou, elle insiste pour me montrer l'album de son séjour en Amérique latine. Sophie ne comprend pas le ridicule de la situation. D'ailleurs, cette fille a le chic pour tout comprendre de travers. Est-ce qu'elle croit que c'est le meilleur moment pour apprécier une séance photos ? Assise dans un fauteuil, recouverte d'une couverture polaire, je tremble de froid. Mes jambes ressemblent à des clous, je suis au bout du rouleau. La fin de cette cure s'annonce redoutable. On m'ordonnerait d'ouvrir une bouteille d'eau que j'en serais incapable. Mon visage est livide, j'ai l'air d'une vraie leucémique, cette fois. Avec mes yeux cernés de noir, j'ai une tête de championne. OK, là, je fais pitié. Je n'ai rien à envier au « Retour de la momie » !

Imaginez la scène. Moi ratatinée dans mon fauteuil et les jumelles à l'extérieur, assises derrière les rideaux. Personne n'a le droit de m'approcher en direct, sauf maman. Je discute (façon de parler !) avec elle et Emmanuelle tandis que l'autre me tanne pour que je jette un coup d'œil à ses clichés qui, soit dit en passant, n'ont aucun intérêt. Elle n'a presque pas photographié la population locale, la manière dont les Péruviens vivent, par exemple. Ç'aurait au moins eu le mérite d'être instructif. Pendant que je discute donc, Sophie s'acharne à me tendre ses photos à travers les rideaux. Comique, la main qui dépasse et qui s'agite. De temps à autre, je m'exclame *oh, c'est bien !* histoire de ne pas la vexer. Sophie ne comprend pas que je ne suis plus, pour l'instant, la Perrine qu'elle a connue.

Je suis la Perrine à moitié morte qui veut qu'on lui foute la paix !

Par la suite, il m'est arrivé de faire semblant de dormir quand je voyais l'heure des visites approcher. J'avoue. Je n'avais pas le courage de m'animer. C'était un peu lâche de ma part mais la morphine m'assommait. Avoir à soutenir une conversation ne m'apportait plus aucun réconfort.

Si tout le monde avait pu agir comme Mimi, une grand-tante du côté de maman… Un après-midi, je me suis réveillée de ma sieste et j'ai trouvé sur ma table un grand sachet rempli de gaufrettes faites maison. Ma tante avait laissé ce petit présent à mon attention et, surtout, n'avait pas osé me réveiller pour ne pas m'importuner. J'ai été touchée par sa discrétion et j'ai dévoré les gaufrettes toute la soirée.

Dévoré des yeux, cela va sans dire.

Professeur K. et ses facéties

Pour le professeur K. et sa troupe d'internes, je ne suis qu'un oiseau curieux parmi tant d'autres. Les injections de chimio sont terminées. Prochaine étape : attendre la remontée des globules blancs, je connais, j'ai déjà donné, merci. Comme lors de la première cure, l'amélioration se fait attendre. Le professeur K. également. Il ne passe qu'une à deux fois par semaine, suivi par ses apprentis sorciers. À chacune de ses visites, je pose la même question : *Quand pensez-vous que je vais pouvoir sortir ?* À chacune de ses visites, j'obtiens la même réponse : *Bientôt.* Jusqu'au jour où, miracle ! Le professeur K. n'est plus aussi évasif. Je sors dans une semaine. Non ? C'est vrai ? Affirmatif, mon capitaine !

Les jours qui suivent, je chante sur tous les toits mon bonheur de quitter l'enfer : La veille de ma sortie, je m'assure du bon déroulement des opérations. L'air dégagé, le professeur K. m'apprend finalement qu'une permission n'est pas envisageable. Le salaud ! Je suis dans un état de colère pas possible. Je lui en veux, il joue avec les nerfs de ses malades et il ne s'en rend même pas compte. Comment peut-on avoir aussi peu de psychologie ? Alors c'est ça ? Je suis juste un dossier qu'on consulte ? Les infirmières me réconfortent. D'après elles, je ne suis pas la première à qui il fait le coup. Mais ne pas oser décevoir un patient juste pour lui faire plaisir, c'est prendre le risque de le tromper. Il n'y a rien de pire que simuler l'espoir, même si cela part d'une bonne intention.

Mon sevrage concernant la morphine accentue ma déception. Période difficile. Je touche de près ce que vivent les drogués qui essaient d'arrêter. J'en deviens folle. Crise de manque, envie de tout casser. J'aimerais tant qu'on me redonne un peu de poudre de perlimpinpin ! C'est si bon de dormir et de ne rien sentir. Sans ma dose habituelle, je reprends mes esprits. Je réalise alors dans quelle situation dramatique je me trouve. Je suis enfermée entre trois rideaux de plastique, avec pour seules amies -lorsque maman n'est pas là -une chaise percée et une télé. Il y a bien l'ordinateur mais je ne suis toujours pas en état de m'en servir. Je suis sur les nerfs. Je ne dors plus. Ma chambre est aussi grande qu'un mouchoir, aussi gaie qu'une remise. Passer des semaines entières immobile, ça peut rendre maboule.

La nuit, les infirmières passent régulièrement pour s'assurer que tout va bien. Mon cerveau étouffe. Les maux de tête reprennent avec la même intensité que lors de ma première cure. Les médicaments classiques n'ont aucun effet sur ma douleur, sauf la caféine. C'est très bien la caféine, on m'en injecte par voie intraveineuse, c'est très bien la caféine mais on ne peut pas dire qu'elle ait un pouvoir relaxant. Alors il faut choisir entre les cervicales qui se crispent ou la guerre des nerfs dans mon lit. Par bonheur, le soutien de Renaud est indéfectible. Dans les moments où j'ai mal, tellement mal que je ne peux plus parler (les paroles font caisse de résonance), je tends mon bras à travers le rideau pour que lui et moi puissions nous toucher.

Ces gestes et ces regards volés à la maladie renforcent encore un peu plus le lien qui nous unit.

CETTE FOIS, JE CRAQUE

– Aaïiieeeeeee ! J'ai mal ! Aïiieeeeeee ! C'est horrible ! Je ne peux plus respirer ! Arrêtez d'appuyer !

Je hurle contre les deux internes qui ont pourtant l'habitude de s'occuper de moi. Je veux bien endurer un autre myélogramme - indispensable pour vérifier si la deuxième cure a donné les résultats escomptés mais c'est trop dur. La crème anesthésiante est sans effet contre la ponction de moelle. Une des internes, armée de sa grosse aiguille, fore dans mon sternum tel un derrick. Jamais, de tous les myélogrammes qu'on m'a fait subir, je n'ai autant souffert. Outre la sensation d'avoir le thorax déchiré et les os en vrac, j'ai l'impression de ne plus pouvoir respirer. J'ai encore mal rien que d'y penser.

Je crie tant et tant que l'inattendu, l'impensable, l'inexplicable survient tout à coup. Une fois l'interne partie, Fatima fait son apparition. Vous vous souvenez de Fatima ? La plus odieuse des infirmières jamais rencontrées. C'est bien elle qui entre dans ma chambre pour me réconforter. Si vous n'en croyez pas vos yeux à la lecture de ces quelques lignes, je n'en ai pas cru les miens non plus lorsqu'elle m'a tendu un calmant et qu'elle s'est assise à mon côté en s'adressant à moi gentiment. Il fallait donc ça pour qu'elle m'apprécie un peu ? Que je souffre le martyre ?

Nouveau myélogramme, nouvelle attente. Ces résultats-là sont importants, que dis-je, capitaux pour ma survie. S'il subsiste plus de 10% de blastes -c'est-à-dire de cellules cancéreuses -, adieu la greffe et les espoirs dont elle est synonyme. Je ne peux pas y croire. Je ne veux pas y croire. Pourtant, un matin, mes deux internes attitrées débarquent dans ma bulle avec un air grave.

– Perrine, ça va ?

– Ça va, vous avez les résultats ?

– Oui

– Alors ?

– Il te reste 17 % de blastes.

– Quoi ? Ce n'est pas vrai ? Mais qu'est-ce que je vais faire ? Qu'est-ce qu'on va faire ? Une autre cure ? Ce n'est pas possible ? Je… Je… Je vais mourir ? dis-je en sanglotant.

– On ne sait pas, on n'est pas assez qualifiées pour te répondre.

Et puis plus rien, silence radio. Elles se contentent de me regarder pleurer, pleurer ma vie, pleurer toute cette incompréhension. Pleurer ma jeunesse et mon avenir foutu, pleurer tout ce que je ne pourrai jamais faire. Jusque-là, j'avais toujours eu la force de m'accrocher. Mais aujourd'hui, je doute. Pour la première fois, je doute de l'avenir qui m'est réservé.

Comble du comble, les deux internes me laissent l'immense joie d'annoncer la très mauvaise nouvelle à ma famille.

Ne reste pas, s'il te plaît. Va-t'en, fous le camp, tire-toi, je t'en supplie ! Mais non, tu restes plaqué à mon sang, collé à mon pauvre corps qui au fur et à mesure de tes envies subit la torture.

Le professeur K. n'est pas de ceux qui mouillent la chemise. Il aurait pu se présenter en personne, commenter lui-même ces piètres résultats mais qu'aurait-il répondu lorsque je lui aurais demandé : qu'est-ce qu'on fait, maintenant ? Qu'aurait-il répondu ? Je ne suis pas assez qualifié pour te répondre ? Pourtant vous l'êtes, Monsieur le Professeur, vous l'êtes ! Mais vous n'avez pas eu le courage d'affronter mon regard, d'affronter mon désespoir. Il vaut mieux, dans ces cas-là, envoyer des internes peu rompus à l'expérience de la souffrance, la vraie, celle qu'on a dans la tête, celle qu'on a dans le cœur.

Une fois de plus, maman et papa prennent les choses en main et contactent de leur propre initiative l'IGR, l'Institut Gustave-Roussy de Villejuif (établissement réputé en matière de lutte contre le cancer) puisque je dois, normalement, me faire greffer chez eux. C'est là-bas Cancéropolis.

Mais dans les circonstances actuelles, avec mon taux de blastes, la greffe est-elle toujours d'actualité ?

Oui, peut-être. À condition de faire une nouvelle chimiothérapie… La situation vire du cauchemar au rêve : il y a donc, « peut-être », encore une solution. Peu importe le chemin que j'emprunte, je suis prête à tout -vraiment tout ! -pour vivre.

ET C'EST REPARTI POUR UN TOUR !

Ne désespère pas, Perrine. La surveillante du service de greffe de l'Institut Gustave-Roussy de Villejuif affirme à maman qu'il existe un autre protocole possible, pour une troisième chimio. Il s'agit d'une cure ambulatoire. Super ! La journée à l'hôpital et le soir à la maison. Je suis presque ravie de remettre le couvert et l'idée de rentrer chez moi tous les jours est un vrai bonheur. Apprendre de la bouche de maman que rien n'est perdu est un énorme soulagement. J'y crois de nouveau, même si les émotions que je viens de vivre-un jour je suis censée mourir, le lendemain je suis censée vivre -sont éprouvantes pour le moral.

Le bout du tunnel n'est peut-être pas si loin. Enfin je vais quitter cette chambre et cet hôpital horribles. De toute façon, je n'ai plus rien à faire ici. J'ai tout juste assez de globules blancs pour dégager les lieux. Suzon et Romain me donnent un coup de main pour le déménagement. Maman m'attend près de sa voiture, je descends la rejoindre en fauteuil roulant. La joie, quelle joie ! Ça me fait tout drôle de revoir les arbres, la verdure, les couleurs. J'ai tellement été privée de couleurs ! La vie reprend son souffle petit à petit dans mon esprit. Plus de chambre stérile, enfin momentanément. Vive la liberté ! Les oiseaux qui chantent, le vent, la pluie, le soleil… Je veux profiter de tout ce dont j'ai été privée pendant ces longs mois d'immobilisation car je sais à peu près maintenant à quoi peut ressembler la prison.

Je rentre à la maison retrouver ma famille et Renaud. Les grandes vacances vont également commencer pour mes frères et sœurs qui terminent l'école en même temps que j'achève mon semestre hospitalier. La différence entre eux et moi, c'est que pour le moment, je suis recalée aux examens…

À Flavy, notre maison de campagne située à vingt kilomètres de Saint-Quentin, un bouquet de fleurs, envoyé par Marie -une amie de mes parents -, m'attend. Je ne la connais pas très bien mais l'attention me touche. Je ne peux plus marcher. Renaud m'emmène sans difficulté jusque dans ma chambre au premier étage. Un sac d'os n'est pas bien lourd à porter ! Retrouver mon amoureux en dehors de l'hôpital me fait tout drôle. Je n'ai pas du tout envie de l'embrasser, ni même de le toucher. Et pourtant il est là, c'est mon petit ami. Pendant cette période, je crois qu'en y réfléchissant bien, il est devenu plus un ami qu'un petit ami. En tout cas, il sent mauvais ! À l'hôpital, mon odorat et mon ouïe se sont sacrément développés. L'atmosphère stérile m'a habituée au « tout-aseptisé ». Je suis devenue très sensible aux effluves, surtout nauséabonds. Je peux affirmer aujourd'hui que l'être humain pue naturellement. Oui, messieurs dames, vous puez, nous puons ! Tout le monde sent mauvais, et je ne parle pas de l'haleine qui, un quart d'heure après le brossage des dents, reprend le dessus.

De mon côté, pas de risque que j'empeste, je ne transpire plus. Même en plein du mois de juillet, j'ai besoin de ma petite laine. Je suis constamment frigorifiée, même en plein cagnard. En voiture, c'est ambiance chauffage à fond, je n'ai pas droit à la climatisation. Sympa pour l'entourage ! Mon corps réagit comme quelqu'un que l'on retire brutalement de son milieu naturel. Tel un Inuit ou un Amish lancé tout à coup en plein cœur de la jungle newyorkaise !

Soudain, je revois une maison, des vraies chambres, un salon, une cuisine. Ah… la cuisine. De la bouffe, de la vraie ! Malheureusement, si mon odorat est de plus en plus puissant, mon goût est totalement détérioré. Désormais, tout ce qui passe par mes papilles devient acide : le fromage, notamment, que pourtant j'adore. Même le chocolat. Tout, chez moi, est déréglé.

Je lutte de toute mon âme pour que mes muscles ratatinés, que mon système hormonal déglingué, que mon rythme biologique défoncé n'emportent pas mon moral. Une fois mon énergie regonflée, mon corps plus ou moins remonté comme on remonte une bombe à retardement, je serai de nouveau prête pour affronter ma troisième cure de chimiothérapie avant la greffe proprement dite à l'Institut Gustave Roussy… si mes blastes veulent bien disparaître. Un service de cancérologie de la clinique de Saint-Quentin accepte de prendre en charge les différentes transfusions pendant que je ferai ma chimio à Lille. Place au ressourcement. Je vais reprendre une vie normale. À peu près normale. Ces futures soirées en famille, entourée des miens à la maison, n'ont pas de prix.

Elles me seront indispensables pour conserver le moral et le moral est capital, que dis-je, primordial pour la suite du combat.

Chapitre 4

TROISIÈME CURE : LILLE, SAINT-QUENTIN, FLAVY

Pour les nouvelles injections de chimio, retour à la case départ : Le CHR de Lille détient le protocole décidé en concertation avec le professeur K. et le docteur Bourhis, de l'Institut Gustave-Roussy à Villejuif. Je suis donc toujours dans l'hôpital de Lille, mais pas dans le même service. Aujourd'hui, j'intègre l'unité « hospitalisation de jour ». Je suis descendue d'un grade dans l'échelle de la douleur. Tant mieux. Le problème est que le nouveau médecin qui doit me suivre est lui aussi un grade en dessous ! Ça commence plutôt mal. Le docteur Yvetot -une femme -est plus intéressée par le fait de suivre le protocole à la lettre que de nouer un lien avec moi. Elle entre dans le vif du sujet tout en me palpant rapidement avant de me demander d'attendre dans le couloir le temps qu'on me prépare un lit. Tout juste si elle compatit. Je ne comprends pas qu'il existe des médecins aussi peu compréhensifs. Le malade n'est pas seulement un corps nécessitant des soins. Le malade est avant tout un être humain qui a mal, c'est vrai, mais qui a peur. Le moral participe à cent pour cent à la maladie, je le répète. Si le médecin ignore cet aspect de la guérison, alors il passe à côté de la nature même de sa mission. Un mot gentil, un regard qui accroche, une parole réconfortante et c'est l'espoir qui rebondit.

Pour le moment, je ne pense à rien, je suis avec maman, ça fait des heures que nous patientons dans la salle d'attente. J'ai mal partout et j'ai surtout très faim. Face à nous, une autre jeune malade qui doit avoir mon âge, accompagnée de sa mère également. Elle a l'air aussi mal en point que moi. Au bout d'une éternité, une infirmière me prie enfin d'entrer dans la salle où je vais recevoir le traitement. Je m'allonge. On me branche direct avec les poches de glucose afin d'hydrater mon corps avant que je reçoive la chimio. Aujourd'hui, le liquide est jaune vif. Je reste immobile quelques heures (plus facile à écrire qu'à faire), puis je reçois une poche de sang et encore une de glucose, peut-être une de plaquettes aussi, je ne me souviens plus. Débuter une troisième cure n'est jamais une partie de plaisir, surtout quand il s'agit de l'ultime chance. Une fois encore, je repars le corps repu de saloperies.

Je repars pour Flavy l'esprit serein.

IL Y A VRAIMENT DES GENS INCONSCIENTS

– Bonjour Perrine, c'est madame Vivien. Voilà, nous ne pouvons aller faire l'état des lieux de votre appartement à Lille car Sophie part en vacances plus tôt que prévu. On pensait que vous pourriez peut-être la remplacer, toi ou ta mère ? Sinon, je peux appeler une autre de ses copines.

On croit rêver ! Nous sommes début juillet, j'en suis à ma deuxième ou troisième injection de chimio. Comme d'habitude, j'ai envie de vomir comme jamais, ma tête tourne. Il faudrait en plus que je retourne à notre ancien appartement ! La mère des jumelles sait bien que je suis malade, ses filles m'ont vue à l'hôpital. Pas besoin de leur faire un schéma. Mais c'est sans importance, une leucémie, ça se guérit très bien, n'est-ce pas ? Perrine peut bien faire un effort. Je suis abasourdie par ce manque total de respect. Mon sens de la repartie habituel ne fonctionne pas, je ne trouve pas les mots pour dire à madame Vivien ce que je pense de son attitude.

Je suis tellement énervée que j'en tremble. Je passe le téléphone à maman qui finit par accepter. Après tout, elle ne va pas laisser à une inconnue le soin de procéder à l'état des lieux. S'il y a le moindre litige, vers qui se tournerait-on ? Je n'ai habité cet appartement que quatre mois, je suis malade (un détail !) mais les vacances de madame Sophie passent en premier. Quelle logique ! Qui va s'occuper de moi pendant que maman sera à l'appartement avec les gens de l'agence ? On appelle en renfort ma grand-mère paternelle qui ne demande pas mieux que de m'héberger chez elle, à Lille. Comme les autres membres de la famille, elle est très affectée par mon état, elle se plierait en quatre pour m'être utile.

Une fois là-bas, je m'allonge pour me remettre de mes émotions. Claude, le mari de ma grand-mère -elle s'est remariée il y a une vingtaine d'années après le décès de mon grand-père paternel, Bernard, celui qui est mort à trente-quatre ans d'une leucémie -me cuisine quelques légumes que j'avale difficilement, manque de forces oblige. Je suis touchée que Claude, que je considère un peu comme mon grand-père, s'occupe de moi comme si j'étais sa petite-fille « biologique ». Depuis, j'ai réalisé à quel point il tenait vraiment à nous.

De retour à Flavy, les commentaires sur Sophie vont bon train. Je prends la décision irrévocable de ne plus jamais ni l'appeler, ni la revoir. Je me rends compte que chacun de ses actes contribue à me faire aller plus mal. De toute façon, Sophie est une fille épuisante par définition. Déjà à l'époque où j'habitais avec elle, je l'ai raconté, elle me tapait sur le système. Aujourd'hui, je l'élimine de la partie.

Environ deux mois plus tard, une fois les différentes injections terminées, je repasse un nouveau myélogramme pour savoir si cette troisième cure a fonctionné. Les résultats sont bons. Ils sont bons ! Je reste sur la défensive. Le parcours du combattant est loin d'être achevé puisqu'on m'a parlé de radiothérapie, associée à une chimio de bœuf, encore une, avant de pouvoir être greffée. Cela se passera à Villejuif. Radiothérapie ? Connais pas. De toute façon, j'avance, quoi qu'il arrive. Je vais essayer de tenter le tout pour le tout.

C'est-à-dire, tenter de vivre !

Dernier week-end à la maison avant mon entrée à Villejuif

Chacun essaie de passer un bon moment, de ne pas y penser. Dernier week-end avant mon hospitalisation à l'IGR. Toute la famille est réunie à Flavy. Depuis quelques jours, j'ai pourtant une fièvre inexplicable. La nuit, je transpire. Un coup j'ai chaud, un coup j'ai froid. Un soir, alors que nous sommes tous dans le salon devant la série *Urgences,* je ne me sens pas bien. Je prends ma température : le thermomètre affiche plus de quarante degrés. Un détour par les urgences de Saint-Quentin s'impose. Quand la réalité dépasse la fiction ! Là-bas, on diagnostique une infection et l'on me prescrit des antibiotiques.

Toujours patraque, je m'apprête à partir pour l'IGR à Villejuif. Tout le monde se tait quant à l'avenir. Ma date d'entrée à l'institut est figée. Ma date de sortie ? Personne ne la connaît. Serai-je revenue pour Noël ? La veille du départ, moi qui y crois, moi qui craque rarement, eh bien, je n'assure pas. J'ai une énorme crise d'angoisse. Je suis recluse dans ma chambre au premier étage pendant que les autres sont en bas. Je sanglote. Claire monte pour me parler mais j'ai besoin d'être seule. Ma sœur est pourtant concernée, c'est elle qui va me donner sa moelle, mais je suis incapable d'en discuter. Je pense à la mort, à mon enterrement. Et puis qu'est-ce qui m'attend encore, avec cette greffe ? Je pense à tout ce que je ne reverrai plus. Je crois que c'est un des soirs où vraiment j'ai perdu espoir. Peut-être le stress, l'incertitude, le fait d'avancer une fois de plus vers l'inconnu.

Papa m'appelle, il est l'heure de passer à table. Je fais d'abord une halte par la chambre des parents qui se situe au rez-de-chaussée, près de la salle à manger, afin de calmer mon angoisse. Si vous aviez vu le regard de mon père… Toute cette tristesse ! J'écris et cette image me fait encore pleurer. Victor, Alix et Claire sont au bord des larmes, ils m'attendent pour commencer le repas. Quelle horreur ! Dans quel enfer le destin nous a-t-il plongés ? Dehors, il fait beau, c'est l'été, et pourtant j'ai l'impression qu'il pleut, que tout est sombre. Pendant que les vacanciers profitent de la mer, je me débats en pleine marée noire.

Le lendemain, je n'ai pas le choix. Il faut bien que je monte dans cette foutue ambulance, direction Villejuif. Je suis allongée sur un brancard, maman m'accompagne. Je gèle. Nous sommes en plein été et je frissonne sous une montagne de couvertures. Je jette un dernier coup d'œil sur la maison.

Qui sait… C'est peut-être la dernière fois que je la vois.

Patatras !

À l'Institut Gustave-Roussy de Villejuif, mon nouveau médecin, le docteur Raffi (une Libanaise extraordinaire) m'assure qu'il n'y a rien de grave, inutile de s'affoler. Les rayons sont prévus pour le surlendemain, on ne change rien au programme malgré ma toux. En attendant, comble du luxe, une diététicienne passe me voir dans ma chambre pour savoir ce que j'aimerais manger. Je peux choisir entre plusieurs plats en cochant sur une feuille des cases prévues à cet effet. Je ne me fais pas prier. Tout me paraît tellement merveilleux, ici, comparé au CHR. Pour un peu, je serais presque contente d'être là. Combien de fois par la suite ai-je pensé : « Heureusement que Lille n'avait plus de place pour me greffer ! »

Le lendemain, panique à bord ! Une équipe entière fait irruption dans ma chambre -à peine bonjour avec une drôle de machine. Ils parlent entre eux mais dans un langage qui m'est étranger. Moi qui me croyais si calée en cancéropolien… Je suis surprise. Que me veulent-ils ? Et pourquoi ont-ils apporté un tel engin ? Ils vont encore me faire mal, je le sais.

Toutes ces blouses blanches autour de moi… Le docteur Raffi débarque enfin. Elle m'explique qu'il s'agit juste de me faire une fibroscopie avec lavage pulmonaire. Je tousse beaucoup. Elle soupçonne une infection, d'où ma fièvre inexpliquée. J'y perds mon latin. Hier, on me dit que je suis prête pour les rayons, que la fièvre ne pose pas de problème. Aujourd'hui, c'est tout le contraire !

Le tube qu'on enfonce dans mon nez pour atteindre les poumons est relié à une caméra. Je peux à peine respirer. Malgré tout, j'essaie de hurler pour leur dire que je vais mourir, que j'étouffe. Il paraît que c'est normal. L'équipe médicale désigne la machine censée reproduire mon rythme cardiaque. En effet, ça fonctionne. C'est donc que je respire ! Je respire, d'accord, mais ça fait mal. L'angoisse décuple mon affolement. Raffi me serre très fort la main. En réalité, c'est plutôt moi qui serre la sienne. J'ai toujours besoin d'une main quand je souffre. Mais je ne suis pas au bout de mes peines. Tout à coup, sans que j'y sois préparée, on m'injecte de l'eau dans les poumons. C'est la fin ! Non seulement on m'empêche de respirer mais en plus, on me noie ! La mort, c'est pour tout suite ? Pas tout à fait puisque l'eau injectée est finalement aspirée. Sauvée des eaux…

Le diagnostic est formel : Pneumocystose ! Mes poumons sont infectés. Pneumocystose… Encore une combine pour reporter la greffe. C'est grave, d'autant plus grave que je n'ai pas les défenses nécessaires pour lutter contre l'infection. Ma toux s'est amplifiée depuis la fibroscopie. Je ne peux pas prononcer une phrase entière sans m'arracher le thorax. Malgré tout, je change de domicile et passe en secteur stérile dans la chambre qui m'attendait normalement pour la greffe. Cette chambre n'a rien à voir avec celle de Lille. Même si le flux laminaire subsiste, je peux en revanche dire adieu aux rideaux. Les murs sont blancs et surtout ils sont propres. C'est simple mais quelle différence avec les deux mètres carrés dans lesquels j'ai vécu ma deuxième cure. Je suis au huitième étage, ma fenêtre donne sur l'horizon, je vois Paris au loin.

Confortablement installée, je suis bonne pour le traitement de choc. On m'injecte tout un tas de produits. La fièvre persiste, alors va pour la cortisone, un anti-inflammatoire. Bien que ma toux se soit quelque peu calmée, je continue de passer des nuits à me racler la gorge. Pas agréable du tout. N'oublions pas que je suis en rémission pour une courte durée, je crains de ne pas tenir le coup.

Encore une période difficile à gérer pour la famille. Tous nos espoirs résident dans cette greffe. Pour l'instant, c'est de nouveau la dégringolade dans l'inconnu. Tel un vautour, la mort plane au-dessus de nos têtes car c'est bien d'elle qu'il s'agit. Elle qui nous cause tous ces tracas, tous ces soucis.

Après une semaine à Villejuif, je pars achever mon traitement à la clinique de Saint-Quentin où je reçois de l'Ampho B (un puissant antifongique, les antibiotiques provoquant souvent des mycoses), en plus des transfusions de sang et de plaquettes en veux-tu en voilà. Mes poumons ? État stationnaire. J'ai des difficultés à respirer.

À la maison, Victor, mon petit frère, « joue » à l'infirmier. Il n'a pourtant que neuf ans. Il fait des rondes régulières histoire de constater que je ne vais pas trop mal. Il me monte ce dont j'ai besoin. Il se plie à tous mes désirs. Le soir, il veille jusqu'à ce que je m'endorme. Une fois, maman l'a retrouvé assis sur son lit, à moitié endormi, luttant contre le sommeil. Il avait peur qu'il m'arrive quelque chose dans la nuit.

Victor et moi avions une relation particulière quand il était petit. Enfant, il venait dormir dans mon lit parce qu'il ne voulait pas rester seul dans sa chambre. Je n'avais pas le cœur à le renvoyer lorsqu'il débarquait avec sa couette et son oreiller. Ce manège a duré des années. Je pense qu'il était un peu en admiration devant sa grande sœur et moi je ne résistais pas à mon petit frère chéri. Victor est un garçon sensible et tellement gentil ! Il se confiait plus facilement à moi, sans doute parce que j'étais l'aînée. Mais notre relation était tellement fusionnelle que je lui transmettais mes doutes et mon stress. Pas étonnant que nous soyons les deux anxieux de la famille.

Je me souviens qu'il se faisait toujours beau lorsqu'il me rendait visite à l'hôpital. À l'époque, la mode était aux « pics » sur la tête, à la manière des hérissons. Lorsque je me suis retrouvée à Lille dans ma deuxième chambre (la pire), il était trop petit pour que je puisse l'apercevoir par les vitres. Je voyais juste ses cheveux dressés qui dépassaient. Il me les montrait du doigt et puis il enfilait le bonnet en papier. C'était vraiment attendrissant. Mais Victor a vécu des choses qu'un enfant de son âge ne doit pas vivre. Pour seul exemple, je garde en mémoire un soir où nous regardions la télévision ensemble dans le lit de mes parents, à Flavy. J'avais passé la journée à l'hôpital pour ma chimio. Les autres dormaient presque tous. Soudain, j'ai senti la nausée monter. Ça n'a pas loupé, j'ai rendu sur la moquette. Paniqué, mon frère a appelé mes parents. Papa a rappliqué avec du Sopalin et une éponge. J'avais vomi par terre, de son côté du lit ! Mon père en parle encore aujourd'hui comme du « jour où j'ai nettoyé ton vomi ».

Une fois mes poumons« rénovés », retour à l'Institut Gustave-Roussy. Cette fois-ci pour de vrai. Je vais être greffée et je suis motivée.

Ça oui !

Chapitre 5

LA GREFFE AU JOUR LE JOUR

Dernière ligne droite. Pour le meilleur et pour le pire. Je me focalise sur le meilleur, même s'il demande encore bien des sacrifices. Avant la greffe, je dois subir la fameuse radiothérapie dont on m'a parlé, agrémentée d'une chimio plus costaud encore que les précédentes. Ces deux traitements ont pour but de détruire les cellules souches de la moelle osseuse qui fabriquent les globules rouges, les globules blancs et les plaquettes. En effet, la moelle osseuse est l'usine qui fabrique le sang. Mon usine à moi fabriquant de mauvais produits sanguins, la greffe consiste à la remplacer par une autre, afin de ne plus produire de cellules cancéreuses. Je suis d'attaque. Je décide même, pour mieux maîtriser la situation, de tenir, sur mon ordinateur, un journal relatant ces ultimes péripéties.

Lundi 21 août 2000. Arrivée à l'Institut Gustave-Roussy vers 17 heures. Vu : docteur Bourhis et docteur Raffi.

Maman part à Saint-Quentin à 20 heures. Pansement sur mon cathéter. Branchage d'héparine (anticoagulant). Score : 2 000 blancs, 8,8 g/dl d'hémoglobine, 60 000 plaquettes.

Ça y est, nous voilà devant la grande porte. Le bâtiment, situé près du périphérique, est impressionnant vu de l'extérieur. On dirait plutôt le siège social d'une grosse entreprise. À l'intérieur, on parle toutes les langues. Bienvenue à Cancéropolis ! Avec maman, valise à la main, nous pénétrons dans *le* temple de la recherche contre le cancer. Ici, tout est fait pour prendre en charge le patient dans les conditions optimales. Du dépistage aux soins eux-mêmes en passant par un suivi psychologique approprié.

Je suis maigre, blanche et faible. J'ai besoin d'un fauteuil roulant. Maman me guide dans les couloirs jusqu'au service des greffes, huitième étage. Le personnel qui me prend en charge est agréable. La douche à la Bétadine un peu moins ! En effet, avant de pénétrer dans la chambre stérile, je dois me débarrasser des bactéries dont ma peau est couverte. À l'aide d'un gant de toilette en papier, je frictionne mon corps avec le désinfectant recommandé. Attention surtout de ne pas mouiller mon cathéter central car il pourrait s'infecter. À ce propos, à partir du jour où on me l'a posé, je n'ai plus mis les pieds dans une baignoire, et ce pendant plus d'un an. La douche console mais ce n'est pas la même chose, surtout lorsqu'on ne peut se laver qu'à moitié, car pour le haut du corps, vu la présence du cathéter, je me suis toujours servie d'un gant de toilette.

Priorité donc au cathéter recouvert d'un pansement qu'il faut changer tous les deux jours. Chaque fois, c'est un peu de ma peau qui part. Malgré les précautions prises, je n'échappe pas aux infections. Ni aux cicatrices, d'ailleurs. De mes six cathéters successifs, j'ai gardé des traces indélébiles. Ce n'est pas le côté inesthétique qui me gêne. Plutôt la sensation douloureuse qu'il en reste. Je ne peux plus toucher mon thorax, ni même l'effleurer. Psychologiquement, la zone est trop sensible.

Après la douche, j'enfile le peignoir« IGR », les chaussons « IGR » et le pyjama bleu « IGR » aux initiales de l'institut. Parée du costume du parfait Cancéropolien, je fais désormais partie de la maison. Plus de cheveux, maigre comme un clou, toute de bleu vêtue. En route !

À 17 heures, je prends possession de ma chambre. Vue sur Paris. J'ai hâte que la séquence « greffe » commence. Je suis surtout impatiente qu'on en finisse et qu'on n'en parle plus.

Je ne dirai jamais assez combien le rôle des infirmières est capital dans ces moments-là. Ici, comme à Lille d'ailleurs, elles sont merveilleuses. Je ne leur facilite pas la tâche. Dans mon esprit, il est inconcevable de recevoir des soins sans interroger le personnel soignant. Je veux tout savoir sur tout : pourcentage de mes chances de survie ? Y a-t-il beaucoup de décès dans le service ? Si je meurs, ça fera comment ? Vais-je partir en agonisant ou en m'éteignant simplement dans mon sommeil ? J'ai besoin d'évacuer les idées qui polluent mon esprit. Si j'évoque aussi souvent la mort, c'est surtout par superstition : j'en parle de peur qu'elle ne me prenne de vitesse. Au fond de moi, une petite voix intérieure m'ordonne de ne pas y croire. On appelle ça l'intuition. On peut bien me dire que j'ai zéro chance de ressortir de cette chambre : je m'en fous ! Advienne que pourra ! Pour l'instant, mon cœur bat, je ne veux pas partir. Mais si la mort me programme sur son grand ordinateur, eh bien, je suis prête. J'ai donné mes instructions à maman, je veux être enterrée à Saint-Quentin avec mon grand-père paternel décédé d'une leucémie. Je veux reposer au pied de mes racines.

Mais si je m'en sors, je lui ferai un sacré bras d'honneur, à la mort, et je m'en irai vivre ma vie à fond !

À fond…

*

**

Les explications quant aux tenants et aux aboutissants de ma cure de « revitalisation » me sont fournies par le docteur Bourhis et le docteur Raffi. Je les aime bien. Ils représentent le meilleur de la médecine : compétence, gentillesse, humanité, disponibilité. Je rencontre également les infirmières qui vont s'occuper de moi. Rien à redire. L'équipe médicale est parfaite. J'ai confiance, je me laisse « brancher » sans trop d'appréhension. Petite précision : à l'IGR, « être branché » ne signifie pas « être à la mode ». En langage cancéropolien, le mot « branché » signifie surtout « être relié par un tube en plastique aux machines à distribuer le poison et autres potions magiques ». Une fois de plus donc, je suis connectée à un arbre à perfusions grâce à ma boîte centrale -le fameux cathéter -dont le long, très long tube en plastique me permet de me balader dans toute la chambre sans avoir à le tirer derrière moi, tel un toutou. Maman reste près de moi jusqu'à 20 heures, puis repart pour Saint-Quentin.

Mardi 22 août 2000.

Matin : échographie abdominale -Midi : myélogramme.

16 h 30 : première séance de radiothérapie

(12 grès). Nausées, vomissements, maux de tête violents.

De 2 heures à 4 h 30 du matin : téléphone avec papa. Échange inoubliable.

Score : 1 500 blancs, 8,3 g/dl d'hémoglobine,

49 000 plaquettes.

Avant d'être greffée, y a-t-il un traitement spécifique ? Et comment ! Première étape : on associe à la chimio de la radiothérapie. Il ne s'agit pas de petits rayons inoffensifs. Oh que non ! Mais plutôt de vilains rayons qui me rendront aussi stérile que ma chambre. Grillés les ovaires. Plus d'hormones. La ménopause, quoi ! Normalement, la force des rayons est calculée de telle façon qu'ils ne brûlent de manière sélective que les parties à soigner. Dans mon cas, je suis bonne pour le grand jeu vu que c'est mon sang que l'on traite en totalité. Ensuite, injection d'une méga dose de chimio, le poison doit agir vite afin de nettoyer la place avant que je reçoive le don de moelle.

Avant, lorsque j'entendais parler de rayons, j'imaginais le patient allongé sur un brancard, dans une pièce toute noire, un peu comme pour un scanner. Et puis, quand le manipulateur appuyait sur le bouton, on balançait des rayons laser façon *Star Wars* sur le malade. Maintenant que je connais, j'avais au moins raison sur un point : le brancard.

La veille de ce nouveau traitement, on trace sur ma peau des traits au marqueur. Ainsi décorée, j'ai l'air d'un patron de couturier. On m'a dit-ça fait partie des bruits qui circulent dans Cancéropolis que ces traits, nécessaires pour délimiter la zone à traiter, sont tatoués, donc indélébiles. Après renseignement auprès d'un médecin, on m'affirme le contraire. Le feutre partira au lavage. Qui croire ? Je me vois mal vivre à tout jamais avec de telles inscriptions sur tout le corps mais si c'est le prix à payer pour guérir, alors je m'incline.

Le lendemain, je suis donc dans ma chambre stérile quand on vient me chercher pour me descendre au sous-sol, en médecine nucléaire. Nucléaire ! Ce mot à lui seul suffit à faire frémir. Allongée sur le brancard en question, je plonge vers l'inconnu.

L'angoisse monte, il paraît que je vais avoir mal après. Pas possible !

Des jeunes gens sympathiques m'accueillent dans le temple du rayon X, une grande salle remplie de machines plus impressionnantes les unes que les autres. Fidèle à moi-même, je les bombarde de questions, seul moyen de maîtriser mon anxiété. J'apprends que le dernier à être passé par une irradiation totale du corps (en anglais : TBI = *total body irradiation)* dans le cadre d'une greffe de moelle osseuse s'appelle Nicolas. Oups ! Pas de quoi me rassurer ! En effet, l'équipe médicale à qui j'avais demandé si d'autres jeunes se trouvaient dans le service m'avait répondu que le dénommé Nicolas, âgé de vingt et un ans, avait mal supporté l'épreuve. Il avait, paraît-il, vomi sur la table dès la première séance et avait été brûlé par les rayons. Très encourageant.

On m'équipe ensuite avec des électrodes. J'en ai même sur les cheveux… euh, le crâne, pardon. J'ai l'impression de ressembler à un cobaye dans un laboratoire. Un peu comme quand, dans certains films, des extraterrestres capturent un être humain pour l'étudier sous toutes les coutures. Sauf qu'aujourd'hui, les extraterrestres me laissent seule. dans la pièce avant d'éteindre la lumière. Je suis allongée nue sur le côté, ventre, tête et jambes face à la machine qui se trouve à quelques mètres de moi. Les instructions sont formelles : on ne bouge pas ! La position de mon corps est paramétrée au millimètre près. Je n'ai qu'une trouille : que les rayons brûlent ce qu'ils ne doivent pas brûler. Je n'ai qu'une angoisse : que les rayons me grillent comme un poulet. Immobile, je respecte les consignes à la lettre. Soudain, un bruit strident retentit. La machine à rayons est en marche. Alors ? Et les lasers ? Ils sont où les lasers ? Je suis déçue. En réalité, les rayons flottent dans l'air mais ils sont invisibles. Je n'aurai pas droit à mon spectacle « son et lumière ». De temps en temps, les manipulateurs me parlent dans un micro pour me préciser combien de temps il reste et me demander si ça va. Ça pourrait aller mieux, merci !

Première séance terminée. Je vous avoue que je m'attendais à pire. Au bout de dix minutes, je sors sans avoir mal nulle part. À noter dans les annales ! Je ne suis pas grillée, tout va bien. Je repars comme je suis venue, sur le brancard de service. Tiens, on n'en parle jamais, des brancardiers. Pourtant, ils m'ont sacrément aidée, à leur manière. Combien de fois avons-nous fait le tour de l'hôpital, eux et moi ! On a pas mal roulé ensemble. Qui se décarcasse pour tenter de sortir votre lit de la chambre sans trop d'encombre ou vous faire passer en priorité dans les ascenseurs ? Qui vous passe le haricot, lorsque pendant le trajet, vous avez le mal des transports ? Qui vous promène en chaise roulante ? Leur présence discrète m'a été précieuse dans les moments difficiles. Ce que je préférais, c'était lorsque deux brancardiers se croisaient. Ils s'arrêtaient alors une minute pour discuter de tout et de rien, de leurs projets, de leurs soirées, de leurs loisirs. L'espace d'un instant, ils oubliaient que j'étais là. Écouter leurs conversations me rappelait combien le quotidien est agréable. Un dîner entre amis, un film qu'on a aimé…

À l'époque, j'aurais donné n'importe quoi pour que ces banalités échangées au détour d'un couloir deviennent mon seul souci.

*
**

« Alors ? »

Les infirmières attendent mes premières impressions. Positif ! Descendre au nucléaire, ça fait une balade, et puis ça change de la chambre stérile. D'habitude, quand on se promène, on apprécie les rayons du soleil. Finalement, je suis comme tout le monde puisque je peux profiter des miens ! Du coup, je ne serais pas contre un petit repas cancéropolien. Je suis à jeun depuis ce matin. D'accord pour les pâtes, la viande, et la sauce tomate stériles. Je n'en laisse pas une miette. J'ai un appétit d'ogre.

Peu à peu, alors que la journée s'écoule, je me sens légèrement étourdie. Certainement les premiers effets de la radiothérapie. Je ne suis pas très en forme mais comparé à mes deux cures précédentes, c'est Byzance. Cependant, les nausées réapparaissent. Ainsi que les maux de tête. Ceux-là ont tout ce qu'il faut pour me remuer les méninges. À deux heures du matin, l'angoisse est elle aussi de retour. Le silence, le noir… J'allume les néons puis les éteins. Je m'énerve, mon cerveau me brûle, maman, papa, j'ai mal. Je suis désespérément seule, personne avec qui partager ma détresse. Tant pis ! Je prends la décision de réveiller mon père en l'appelant, j'ai besoin d'entendre sa voix. Même si parler au téléphone n'est pas conseillé dans un cas comme le mien, je suis prête à souffrir davantage pour ne plus me sentir isolée. Papa, certainement inquiet lui aussi, ne dort pas. Il décroche aussitôt. Notre discussion dure deux heures. Peu à peu, mon mal de tête s'estompe. Au petit matin, je suis complètement crevée.

Mais le son de cette foutue cloche dans ma tête a enfin disparu !

Mercredi 23 août 2000.

8 h 30 : radiothérapie pendant dix minutes.

Mêmes conséquences que la veille.

16h30 : Séance de TBI (Total Body Irradiation) avec cache-poumons annulée car coupure courant. Reportée à vendredi.

J'ai écrit à Renaud, Claire et Emmanuelle.

Aucune nouvelle de cette dernière.

Score : 2 100 blancs, 8,7 g/dl d'hémoglobine,

78 000 plaquettes.

À l'IGR, on ne chôme pas. Reprise du boulot à 8 h 30. On me redescend dans ce que j'appelle affectueusement le micro-ondes, ou les cuisines, ça dépend. Pourvu que ça se passe comme la dernière fois. Les manipulateurs entament le rituel, électrodes sur le corps et sur la tête. Le bruit strident de la machine qui se met en marche. Dix minutes s'écoulent. Ouf ! À première vue, je ne suis toujours pas brûlée. On me remonte aussitôt dans ma chambre stérile, des fois qu'elle me manquerait ! J'apprends que la deuxième séance de la journée, initialement prévue à 16 heures, est finalement annulée pour cause de panne de courant. Reportée à vendredi. Tant mieux ! Journée identique à la précédente : étourdissements, nausées et vomissements. Mal de crâne en moins.

Jeudi 24 août 2000.

8 h 30 et 17 heures = TBI.

Arrivée de maman. Moi crevée.

Score : 1 000 blancs, 7,6 g/dl d'hémoglobine,

87 000 plaquettes.

J'ai l'estomac vide, comme d'habitude. On veut m'éviter les renvois intempestifs. J'ai à peine le temps d'ouvrir les yeux que me voilà déjà « brancardée » direction le « micro-ondes ». Petite nouveauté : l'équipe médicale m'a fabriqué un cache poumons. C'est quoi, encore, cette nouvelle invention « made in Cancéropolis » ? Eh bien, ils ont profité de la première séance de rayons pour prendre mes mensurations afin de confectionner de leurs petites mains un nouveau déguisement à mon intention. Ainsi, ma cage thoracique et ses locataires sont protégés lors de la cuisson. Super cadeau. Pour me remercier de mon assiduité et de ma docilité lors des séances ? Pas tout à fait. En réalité, ce cadeau signifie : « On va augmenter la puissance des rayons, alors on te protège, c'est la moindre des choses. » Décidément je suis gâtée.

Rebelote à 17 heures : on fait rôtir le patient dix minutes à l'unilatérale, comme le saumon, et hop. Prêt à servir.

Maman n'est arrivée que dans l'après-midi. Elle n'a pas pu me rendre visite au début des séances car il fallait préparer la rentrée de Victor, d'Alix et de Claire. Je ne lui en veux pas, bien au contraire. Je ne suis pas la seule dans la famille à avoir besoin de mes parents. J'ai annoncé à maman que ce ne serait pas la peine qu'elle se déplace aussi souvent qu'avant. D'abord, les allers retours Saint-Quentin Villejuif sont épuisants. Je ne parle pas du budget que les nuits à l'hôtel représentent. Vu mon âge, dix-huit ans et demi, Maman n'a pas le droit de loger dans la maison McDonald's réservée aux parents d'enfants hospitalisés de moins de dix-huit ans. Elle se débrouille avec les moyens du bord, en dormant chez des proches, un coup à Paris, un coup à Villejuif mais ce ne sont chaque fois que des solutions provisoires... Pendant ce temps, Claire, qui s'apprête à me donner sa moelle, joue les mères de famille à Saint-Quentin. Récemment, Claire m'a fait parvenir quelques pages manuscrites où elle donne sa vision de notre épreuve partagée. Je vous les livre...

« La date du 6 mars 2000 restera à jamais gravée dans ma mémoire. Comme vous pouvez l'imaginer, l'annonce de la maladie de Perrine a été un grand choc pour nous tous. Ma sœur était malade. Et merde ! Ça n'arrivait pas qu'aux autres. Nous n'étions plus dans un film, nous étions dans la vraie vie. Comment accepter ? Comment continuer de vivre sachant qu'elle ne le pourrait peut-être pas ? Comment éviter de pleurer chaque fois que j'entendais le mot "leucémie" ? Allait-elle s'en sortir ? Bien sûr que oui ! C'était ma sœur, je n'envisageais pas qu'elle nous quitte. Et pour l'aider à mettre toutes les chances de son côté, il fallait que nous la soutenions. Nous avions tous un rôle à jouer dans sa maladie.

« Pour ma part, j'ai fait mon possible pour pallier le manque de maman tout en poursuivant mes cours.

Le matin, avant de me rendre au lycée, j'allais souvent boire un café avec des amis pour me changer les idées. À midi, Victor déjeunait à la cantine, Alix aussi mais seulement deux fois par semaine. Le reste du temps, elle mangeait un sandwich, comme moi. Papa avait fait ouvrir un compte dans une boulangerie à côté du lycée, en cas de besoin. Après les cours, je filais à la maison et de temps en temps, je repartais en ville faire quelques courses pour nourrir notre petite famille. Lorsque le bac de linge sale débordait, je m'occupais des lessives. Pour le repassage et le ménage, nous pouvions compter sur Maria qui venait trois fois par semaine. Heureusement qu'elle était là car je ne m'en serais jamais sortie toute seule. Papa rentrait du travail vers 19h30. Pour les repas, je faisais l'effort de préparer des plats corrects, mais par rapport à ceux de maman, il n'y avait pas photo ! Maman est une très bonne cuisinière.

« Papa me parlait de ses soucis de boulot en dînant, les soucis qu'il confiait en temps normal à maman. Une fois la cuisine rangée, je pouvais enfin me réfugier dans ma chambre pour faire mes devoirs. Souvent, je m'écroulais de fatigue, j'appréciais de retrouver mon lit !

« Maman nous téléphonait tous les jours, elle essayait de nous tranquilliser quant à l'état de Perrine. Elle ne nous a jamais confié ses états d'âme, et pourtant elle en vivait de drôles de choses !

« J'appelais quotidiennement mon petit ami pour partager avec lui les larmes que je retenais durant la journée. Papa, Alix, Victor et moi, on essayait de ne pas trop craquer devant les autres, et surtout on essayait de ne pas craquer entre nous, à la maison. La moindre larme et tout le monde s'y mettait. Je ne dis pas que ce n'est jamais arrivé mais nous évitions, pour ne pas lâcher prise.

« Un soir, Victor a frappé à la porte de ma chambre. li était en pleurs, il venait de faire un cauchemar, il pensait à la mort. À dix ans… Je lui ai longuement parlé, tout en contenant mon chagrin. Je lui ai dit que Perrine était forte, qu'elle se battait pour elle mais aussi pour nous, qu'elle ne nous abandonnerait pas, ce n'était pas son genre. Victor avait peur de tomber malade, lui aussi. Je suis allée chercher un matelas pour qu'il dorme au pied du mien. Ce

soir-là, je lui ai raconté des histoires farfelues qui l'ont fait beaucoup rire.

« La greffe a été un moment très fort, bien entendu. J'étais à la fois excitée à l'idée de pouvoir soulager la souffrance de Perrine, et à la fois triste car cette greffe signifiait qu'il s'agissait de sa dernière chance. L'attente a été longue, très longue. Presque interminable. La greffe était sans cesse reportée car Perrine n'était pas prête à recevoir ma moelle. L'attente était encore plus insupportable pour Perrine parce que cela prolongeait d'autant sa période d'hospitalisation. Le jour J, le 29 août 2000, j'ai pris conscience que tout reposait sur moi. Il fallait que je fasse attention à mes moindres faits et gestes. S'il m'était arrivé quelque chose, Perrine aurait été perdue.

« Ce qui m'a le plus marquée durant sa maladie ? Sa transformation physique. Je suis allée la voir quand elle était sous cortisone. Il n'y avait que sa tête qui dépassait du lit. Ce n'était plus Perrine, elle avait le visage tellement gonflé que ses yeux étaient bridés. Ses joues, elles aussi, avaient enflé. Ma sœur avait du mal à parler. Je n'ai jamais autant retenu mes larmes qu'à cette période-là. Une fois dans le sas, je pouvais me laisser aller à pleurer.

« J'étais vraiment triste de la voir dans un tel état. J'avais envie de crier : *rendez-moi ma sœur ! Qu'est-ce que vous avez fait d'elle !* »

Cela dit, j'avoue que la présence de maman me rassure, même si j'ai envie de prouver que je peux très bien m'en sortir sans l'aide de personne. Lorsqu'elle est là, elle me protège, il ne peut rien m'arriver. Quand je dors, maman joue au Scrabble sur mon ordinateur portable. Dès que j'ai un œil ouvert, on bavarde. De tout et de rien mais jamais de l'avenir lointain. Nous · nous sommes promis toutes les deux de ne plus faire de projets à long terme. Chat échaudé craint l'eau froide.

Sinon, les globules blancs ont amorcé la chute, c'est tout de même l'objectif de mes passages réguliers en« cuisine ». Au moins,

on sait que le microondes a des effets positifs sur ma santé. Par contre, il y a un truc que je ne saisis pas : mes plaquettes augmentent.

Si on pouvait tout expliquer, en médecine…

Vendredi 25 août.

Matin : TBI. Suis en pleine forme. Mal nulle part. Maman vient.

Hydratation pour chimio.

Soir : TB/ =très fatiguée.

Score : 1100 blancs, 7,6 g/dl d'hémoglobine,

Mes rayons ! Qui veut mes beaux rayons ! Dernier jour avant liquidation totale. Il faut que j'en profite, l'occasion ne se représentera peut-être pas avant longtemps. J'arrive toute souriante, je suis en pleine forme. Va comprendre. Hier j'étais exténuée et aujourd'hui tout va bien. Je descends donc au sous-sol pleine d'entrain. J'ai pris l'habitude de poser avec le cache en aluminium. Mes poumons doivent être protégés. Le reste peut prendre à la cuisson.

Quand est-ce qu'on mange ? J'ai l'estomac dans les talons. En attendant l'heure du plateau, je branche mon baladeur CD. Je me passe le *best of* de Julien Clerc, offert par papa. *Tu le sais bien, le temps passe, ce n'est rien.* J'écoute cette chanson jusqu'à l'overdose d'émotion. J'alterne avec le *best of* de Renaud, acheté entre les deux premières cures. Pour qui n'aurait pas saisi : j'adore la musique ! Elle me berce, m'apaise, me fait pleurer, me fait vibrer, me fait rire. Tout un programme.

Évelyne, la personne qui s'occupe des plateaux, apporte enfin mon repas. Cette mamma noire qui chouchoute ses malades comme ses enfants a toujours le sourire aux lèvres. Humm… de la purée de carotte. Et du fromage ! Rien que du bonheur. J'adoooore le fromage ! À Évelyne, je peux tout demander. Un de plus, ce serait possible ? Elle s'absente une minute puis revient avec un autre exemplaire de ces petites portions de tomme à la croûte

noire. Ça ne vaut pas un bon camembert mais je ne suis pas difficile. J'abuse même. Évelyne ne pourrait -elle pas me donner ceux que les autres malades n'ont pas mangés ? C'est ainsi que je me retrouve à la tête d'une collection de petits fromages que j'avale à la queue leu leu. C'est vrai, j'avais dit que je les garderais pour les autres repas mais je ne peux pas me retenir. Je les dévore d'une traite, j'enlève le plastique, je croque d'abord le milieu avant d'attaquer la croûte. Au bout du dixième, soudain... Eurk... Ça remonte... J'en ai trop mangé, je crois... Vite ! Je m'empare du haricot. Ça me fait drôle parce que d'habitude, je vomis liquide mais aujourd'hui, c'est un gros pavé bien lourd que la nature renvoie. Quelle idiote ! Me voilà définitivement écœurée des petits fromages à la croûte noire.

Une autre séance de radiothérapie m'attend à 17 heures. Il faut que je sois d'aplomb. Une sieste s'impose. Pendant ce temps, maman pianote sur mon ordinateur, lit des revues, s'ennuie peut-être. Je ne sais pas. Elle ne laisse rien paraître, même pas son inquiétude. Et pourtant...

Toute la journée, de grosses poches de glucose coulent à flots dans mes veines pour hydrater mon corps avant le début de la chimiothérapie, traitement indissociable de celui du micro-ondes. Je rappelle à ceux qui n'ont pas écouté que tous les blastes doivent avoir débarrassé le plancher avant la greffe. J'ai envie de faire pipi tout le temps. Pas marrant.

Samedi 26 août.
1er jour de chimio (Endoxan).
Score : 1 000 blancs, 7 g/dl d'hémoglobine,
145 000 plaquettes.

Mille blancs. À partir de maintenant, on parle d'aplasie. La moelle osseuse ne produit plus de cellules. Adieu les rayons, je passe la cinquième : place à la chimiothérapie, la vraie. La dose qui va m'être injectée sur deux jours est monstrueuse. J'aurais préféré montrer un meilleur visage pour le début du traitement mais les effets de la cuisson à répétition sont annoncés ! En début d'après-midi, l'infirmière arrive avec la poche de liquide jaune vif, qu'elle place entre les multiples produits que je reçois déjà. Et deux temps trois mouvements, la chimio s'introduit lentement dans mes veines. Il ne me reste plus qu'à espérer que cette armée de soldats fasse une bouchée des blastes qu'il me reste.

Dame leucémie, tu ne dois pas faire la fière à l'intérieur de mon corps. Tu morfles, hein ? Pour un peu, je te plaindrais... Je plaisante, évidemment. Bien fait ! On ne récolte que ce que l'on sème. Tu vas voir ce qu'est une bonne récolte. À propos, tu le veux de quelle couleur, ton cercueil ?

Le dernier film que j'ai vu au cinéma avant de partir pour Cancéropolis est un dessin animé de Disney : *Tarzan.* Je suis complètement fan. Maman m'offre le DVD et le poster qu'elle a plastifié auparavant. Je sais, j'ai dix-huit ans, ce n'est plus de mon âge, et après ? C'est peut-être la dernière fois que je me fais plaisir, alors pas de commentaires, s'il vous plaît ! Depuis le début de la maladie, je fais marche arrière, je me réfugie dans le monde de l'enfance. Je me raccroche à des choses douces, à des choses belles. Qu'on ne me parle pas d'adolescence, encore moins d'âge adulte. J'aimerais tant redevenir la petite fille que j'étais, la petite fille pas encore salie par la vie. D'ailleurs, je me sens redevenir cette petite fille, parfois. Je veux ma maman toujours près de moi, qui me protège, qui me lit des histoires avant d'aller me coucher. Je ne veux plus prendre conscience du malheur. Je veux oublier. Je veux retourner à l'école primaire où mon avenir n'était pas encore tracé. Je veux retrouver la saveur d'un biberon de lait avant de partir à la maternelle, le matin. Je veux la pureté, la virginité. Je m'abrite derrière mes souvenirs. Je ne veux plus grandir. Juste rajeunir. Peut-être même revenir au point de départ, celui de ma naissance. Pour tout recommencer de zéro.

Dimanche 27 août 2000.

2e jour de chimio. Claire et papa à l'hôtel.

Score : 500 blancs, 7,1 g/dl d'hémoglobine,

174 000 plaquettes.

Claire et papa arrivent à Villejuif. Demain, ma sœur sera à l'hôpital et dans deux jours… Dans deux jours c'est… Dans deux jours, c'est la GREFFE ! Ils entrent dans ma chambre vêtus en Martiens : bonnet, chasuble, masque et chaussons réglementaires. Un seul sujet occupe nos esprits. Je vous laisse deviner lequel. Nous rions beaucoup. Et si l'intervention me transformait ? Imaginons que je prenne les défauts de Claire… Ces paroles n'ont aucun sens mais elles nous font du bien, car l'enjeu est de taille. Il y a des risques que la greffe échoue. Ce sera ou bien la vie, ou bien la mort. Nos rires exorcisent la peur. Le fil sur lequel je vais devoir marcher est bien mince. Un coup de vent et je tombe du mauvais côté.

Je subis ma dernière injection de chimio, tout du moins pour *ce* cancer. Oui, *ce* cancer ! Parce qu'il y en aura peut-être d'autres. Je ne me fais pas d'illusions. Qui peut dire qu'il est définitivement sauvé ou épargné ? Quand je vois le nombre de personnes qui échouent à Cancéropolis, je me dis que le cancer est vraiment la maladie la plus en vogue dans notre civilisation.

Il est tard, je ne suis pas bien. Papa et Claire partent se coucher dans l'un des deux hôtels de Cancéropolis. Maman est restée à Saint-Quentin pour s'occuper de Victor et Alix qui, eux aussi, ont besoin d'elle.

Cinq cents blancs. J'entre en aplasie profonde.

Lundi 28 août 2000.

Claire hospitalisée. Moi = gros malaise. Chute de tension à 6.

35,9° de fièvre, on ne connaît pas la cause.

Score : 300 blancs, 7,1 g/dl d'hémoglobine,

178 000 plaquettes.

Claire est hospitalisée. Je suis toujours vissée sur mon lit pendant que l'équipe médicale est sur le pied de guerre : sans défenses immunitaires, le terrain est à « louer ». La mucite est sur les rangs. Elle postulerait bien pour la place. La mucite, ce sont de gros aphtes qui envahissent la bouche et la langue. Un truc de fou. J'en ai été victime pendant ma seconde cure de chimio à Lille. Ça fait quoi, comme sensation ? Celle d'abriter un hérisson dans sa gorge ! Chaque matin, je m'examine dans la glace. Je guette les premiers signes de l'invasion. Je n'ai encore rien. Serait-il possible que je sois épargnée ?

J'avoue que ça me ferait plaisir d'être, pour une fois, l'exception qui confirme la règle.

*
**

– Oh là, je ne sais pas ce qui m'arrive, je ne me sens pas bien du tout, dis-je avec une voix d'outre-tombe.

– Qu'est-ce qui se passe ? Tu as mal quelque part ? me répond Nicole, une de mes infirmières attitrées.

Pourquoi ce malaise soudain ? Tout va pourtant bien. Nicole et maman plaisantent. C'est l'heure à laquelle on vérifie l'état de mes perfs et de mes médicaments. Nicole en profite pour s'assurer de la présence éventuelle de cette mucite tant attendue. À l'aide de gants en latex, sous le regard amusé de maman, elle inspecte régulièrement ma bouche. Mais ce matin, à l'instant même où sa main cherche à ouvrir ma mâchoire, ma tête se met à tourner. Je murmure alors dans un dernier soupir :

– Je ne vois plus rien, je pars…

Rideau, je plonge dans le noir.

Je m'enfonce dans des sables mouvants. De là où je suis, il me semble entendre des voix. J'essaie désespérément de remonter, je m'accroche, je résiste à la spirale qui tente de m'attirer vers le fond. Je concentre mes efforts sur ces voix qui me parviennent de si loin, il faut absolument que je réussisse à ouvrir les yeux. J'ai beau m'y efforcer, je n'y parviens pas. Je panique, la mort vient me chercher, je ne veux pas. Non, je ne veux pas. Pas maintenant, pas si jeune. Les voix se rapprochent, j'entends une femme. Je ne peux pas parler. Pas la force d'ouvrir la bouche. Pourtant, il faut que je leur dise que je suis là, que je me bats. J'ai le sentiment d'être impuissante face à une volonté plus forte que la mienne. Comme un humain qu'on enterrerait vivant.

Combien de temps ai-je plongé avant de refaire surface ? Je ne sais pas, mes paupières se redressent lentement. Je vois, j'entends et je murmure. Sauvée… je suis sauvée !

Une armada d'infirmières et de médecins se penche sur moi, l'air soulagé. J'aperçois le docteur Raffi. Je sors de ma « léthargie » brutale et profonde grâce à une dose massive de Rivotril, un médicament qui empêche de convulser. J'ai appris par la suite que maman et Nicole, trop choquées, ont quitté la salle pendant mon « absence ». Maman a probablement pensé que cette fois-ci, elle me perdait pour de bon. Quelle horreur pour des parents de voir leur enfant leur échapper ainsi ! J'aurais pu mourir, là, comme ça, à la veille de ma greffe… Que de tensions, que d'espoirs reportés au lendemain. Quelle détermination il faut avoir pour se relever et y croire encore…

Mais jusqu'où aurons-nous la force de tenir ?

Mardi 29 août 2000.

Greffe. Tout s'est bien passé. Anesthésie d'une heure pour Claire. Elle me rend une petite visite en chaise roulante.

Score : 200 blancs, 9 g/dl d'hémoglobine,

184 000 plaquettes.

« Jour J », comme on dit. Drôle d'impression. Que va-t-il se passer pour Claire ? Je suis rongée par le doute. Une crainte soudaine m'envahit : ma sœur se réveillera-t-elle après son anesthésie ? Et si ce n'était pas le cas ? Je ne m'en remettrais pas. Pourquoi ces questions morbides me tourmentent-elles alors que je suis censée vivre un des plus beaux jours de ma vie ? En réalité, c'est le plus beau jour de ma vie, oui, mais vu de l'extérieur. Les autres veulent m'en persuader, tout paraît tellement magnifique. Mais je sais que je mise gros. Ma dernière plaque. Cette nouvelle moelle osseuse dont je serai propriétaire dans quelques heures osera-t-elle s'installer définitivement chez moi ? Réussira-t-elle à virer mes blastes, les anciens locataires de l'appartement ?

*
**

– Respirez bien dans le masque à oxygène.

Entrée de Claire au bloc vers 11 heures. On lui demande d'inspirer et puis plus rien. Dodo. Le docteur Bourhis, aidé d'un interne, se charge du prélèvement. À l'aide d'une grosse seringue, il aspire un peu de moelle dans l'os iliaque en prenant soin de piquer, si possible, sur les traces de maillot de bain ! L'aiguille pénètre dans l'os et pompe à plusieurs reprises, environ quatre cents millilitres de moelle osseuse. Comme la dose se révèle insuffisante (j'ai besoin de près du double), le docteur Bourhis ponctionne de la même manière dans l'os du bassin. Il envoie ensuite sa récolte au laboratoire pour vérifier la quantité de cellules avant transfusion du greffon. Car il en faut plusieurs millions pour un greffon adéquat.

Une demi-heure après l'intervention, Claire est déjà réveillée. Bien qu'elle soit encore un peu vaseuse, son premier réflexe est de demander qu'on me prévienne. C'est la délivrance lorsque Nicole, une des infirmières, passe dans ma chambre pour confirmer que c'est bon. Première étape accomplie avec brio. Bravo Claire ! Pour lui témoigner ma reconnaissance, mes parents ont déposé dans sa chambre un gros sachet de bonbons – ma sœur est ultra gourmande – et une carte postale de ma part représentant Cancéropolis avec au dos un seul mot : « MERCI ! » Un mot simple mais qui en dit long sur mes sentiments à son égard.

Installée au dernier étage, j'attends avec impatience l'arrivée de la potion magique. Papa et maman ne cessent de faire d'inlassables allers-retours entre ma chambre et celle de Claire. Pas facile d'avoir deux enfants hospitalisés en même temps. Qui plus est lorsque l'un des deux est censé sauver l'autre ! Je me demande ce qu'ils peuvent ressentir, s'en souviennent-ils ? Pour immortaliser l'instant, papa n'arrête pas de nous flasher un maximum avec son appareil numérique. Résultat : son disque dur finit par planter, effaçant par là même toutes les images prises avant la greffe. Bravo la technologie ! Du coup, il ne nous reste de ces moments qu'une photo imprimée de mauvaise qualité.

Une heure avant l'injection, Nathalie, mon infirmière préférée, se charge de vérifier ma tension, mon pouls et tout le reste. Je l'aime bien, Nathalie. Bretonne parachutée à Paris, elle est jeune, mignonne et surtout trop sympa. Ça bipe un max dans la chambre, entre les poches de médocs, les différents engins et la télé. Je viens de terminer mon repas. Une autre infirmière arrive enfin avec le liquide miraculeux :

– Voici la moelle osseuse de ta sœur !

Je n'en crois pas mes yeux.

– Wwwaaaow ! Il y en a beaucoup ! C'est marrant, on dirait une poche de sang. C'est à s'y méprendre. Sauf qu'elle est plus grande et plus grosse !

– On dirait du sang parce que *c'est* du sang, Perrine ! me rétorque l'infirmière en riant. La moelle osseuse, c'est une usine à sang !

– Bien sûr, ce que je peux être bête ! Et alors, ça va prendre combien de temps à passer dans mes veines ?

– Probablement une heure ou deux.

Le train est en marche. Désormais, rien ne pourra plus nous arrêter, ni lui, ni moi.

*
**

Nathalie patiente à mon côté pendant le goutte-à-goutte afin de pouvoir intervenir rapidement en cas d'anomalie. Comme d'habitude, je pose des questions auxquelles elle est incapable de répondre (en matière de cancer, difficile d'être affirmatif à cent pour cent) : Est-ce que la greffe va fonctionner ? Par rapport à son expérience, tout se déroule-t-il comme prévu ? Et si je fais un malaise, là, maintenant, la greffe fonctionnera-t-elle quand même ? Et si… Et si…

Une fois la moelle totalement injectée, le plus dur reste à faire : attendre ! Attendre que mes cellules capitulent devant celles de Claire. Car bien évidemment, même si la chimio et la radiothérapie ont détruit les cellules souches, il me reste quand même quelques cellules cancéreuses : celles qui ont réussi à se cacher durant le massacre. C'est jour de lessive ! Les cellules de Claire ont intérêt à passer le balai dans le moindre recoin, le grand nettoyage peut commencer. Le docteur Bourhis nous donne vingt et un jours pour savoir si la greffe a pris ou non. Autant vous dire que ces vingt et un jours vont être les plus terribles, les plus angoissants, les plus épouvantables, les plus effrayants, les plus violents mais aussi les plus intenses de notre vie.

Est-ce parce que dans ma tête, même si je n'y crois pas vraiment, je n'écarte pas l'éventualité d'être en sursis ? En tout cas, cela me donne envie de revoir ma meilleure amie. Depuis mon entrée à l'hôpital pour la greffe, plus aucune nouvelle d'Emmanuelle. Pas un appel, pas un mot. Elle me laisse tomber. Pour quelle raison ? Je lui ai envoyé une carte postale au début de ma cure de rayons. Elle redoute peut-être de me voir diminuée ? Je pensais que, quand on avait une amie, on prenait sur soi. Comme si c'était facile, pour les autres, de me voir dans cet état-là ! Comme si c'était facile, pour eux, de retenir leurs larmes en me voyant défier la mort ! Comme si c'était facile, pour eux, de me regarder souffrir tout en se sentant impuissants !

– À ton avis, pourquoi elle ne donne plus signe de vie, Emmanuelle ?

Maman est perplexe.

– Je ne sais pas, elle est probablement trop sensible. Mais ce n'est pas une raison, il y a un minimum…

– Si c'était mon amie, elle viendrait quand même. Je comprends qu'elle n'en ait pas envie. Ce que je ne comprends pas, c'est qu'elle ne prenne pas la peine de m'envoyer un petit mot. Elle ne se rend pas compte. Ou alors elle s'en fout.

Je pense à toi... Ça se laisse écrire, non ?

*

**

17 heures : Claire a obtenu le droit de sortir de sa chambre pour venir me voir. Son mal de dos explique le pourquoi de la chaise roulante. Elle est encore un peu à côté de la plaque mais dans l'ensemble, ça baigne. Lorsqu'elle ouvre la porte, elle paraît heureuse. Et moi, donc ! C'est un moment que je qualifierais de… Que je ne qualifierai pas ! Joie ? Bonheur ? Reconnaissance ? Les trois à la fois.

J'ai un peu mal à la gorge quand j'avale. Prémices ou délices de la mucite à venir ?

Mercredi 30 août 2000.

9 heures = scanner cérébral. Injection d'iode.

Ça brûle.

Mucite : perles blanches sous la langue. Aphtes sur les parois de la bouche. J'arrive encore à manger des petits pots et de la purée mais pas de morceaux.

Sniff… Prends ton courage à deux mains, ma grande, parce que tu vas morfler ! Et sans morphine. Fallait pas faire de malaise ! A priori, je ne suis pas épargnée. Ce matin, en me réveillant, je sens des perles sous ma langue. La mucite semble attaquer doucettement. Je ne peux plus avaler de morceaux. Je recommence la période du « mixing food ». Depuis ma deuxième cure au CHR de Lille, j'en suis dégoûtée. Je ne supporte que les petits pots pour bébé. D'ailleurs, que suis-je d'autre qu'un bébé ? Logée, nourrie, blanchie, perfusée, lavée, changée, il ne manque plus que les couches. La tétine, je l'ai déjà puisque maman me fait boire quelques gorgées d'eau au biberon.

Même avec la purée, ça pique dans mon gosier. À chaque cuillérée, je déguste ! Je me force un maximum. C'est toujours ça de gagné sur la nourriture en intraveineuse. Je mets un point d'honneur à déglutir mais j'abandonne vite mes bonnes résolutions. Nourrissez-moi par perf si vous voulez, je démissionne, peux plus manger. Le docteur Raffi change son fusil d'épaule. Aussitôt dit, aussitôt fait : les infirmières débarquent dans ma chambre avec une sorte de cubi de vin. Sauf que dans ce cubi, pas d'alcool. Ma deuxième cure de chimio et mes vomissements répétés, ça ne vous rappelle rien ? Kabimix, bien sûr ! Le liquide blanc et visqueux tourbillonne dans ma perf pour finir sa course dans mon cathéter puis dans mes veines. Bizarre. Je me demande si, additionné de Kabimix, mon sang change de couleur à l'intérieur.

Pas de variante par rapport à la fois précédente. Quelques heures après l'injection, je pleure. Je pleure et je vomis. Je ne sais pas pourquoi mais quand je vomis, je pleure. Je n'ai rien dans l'estomac, chaque spasme me tord les viscères. *Sois positive, Perrine, ça te permettra au moins de garder un soupçon d'abdos.*

Aie.

*

**

Manger est une chose, se reposer en est une autre. À l'hôpital, c'est quasi mission impossible à moins d'être shootée aux super narcotiques. La valse des portes qui s'ouvrent et se referment débute dès sept heures le matin. Entrée en scène des infirmières pour un ballet bien réglé : remontée énergique des volets métalliques histoire de mettre le malade dans l'ambiance. Tant pis s'il dort. Ce matin, je suis fatiguée. Je voudrais qu'on me laisse roupiller tranquille. Mais ici, c'est la loi sinon tu es… Tu es quoi, au fait ? Après tout, de quel droit le corps médical fait-il irruption si tôt sur mon territoire ? De quel droit me force-t-il à faire tout un tas de choses que je n'ai pas envie de faire ? C'est pour mon bien. Je sais que les analyses doivent être remises au laboratoire avant le début de la matinée. Je sais aussi que plus les résultats sont rapides, plus le diagnostic l'est. Je sais que plus le diagnostic est rapide, plus le patient a des chances d'être soigné dans le délai qui lui est imparti. Mais tout de même. Ça ne vous dégoûterait pas, vous, de voir votre sang couler de si bon matin ? Humm, du bon sang au réveil. Un régal !

J'en ai assez d'être piquée inlassablement. Ça me fait mal, ça me fait vraiment mal. Au début de la maladie, mon bras était encore « normal ». Les piqûres étaient supportables. À présent, mon bras n'est plus qu'un hématome vivant. Un hématome qui brûle dès que je l'effleure. Une fois sur deux, j'ai droit à ma petite aiguille dans les veines. Une fois sur deux, on récupère mon sang à partir du robinet de mon cathéter. Un robinet à sang. Pas courant, hein ? Au moins, en squattant à l'hôpital, je n'aurai pas tout perdu…

Maintenant que je suis réveillée, au travail ! Je me dirige vers la salle de bains au bras d'une infirmière.

Pour faire sa toilette avec un gant en papier imbibé de désinfectant, il faut un semblant d'adresse, croyez-moi. Surtout lorsqu'on tient à peine sur ses jambes. J'essaie tant bien que mal de laver le minimum. Mais ça n'est rien comparé au brossage des dents. Ah… le brossage des dents ! Dès mon arrivée dans le service, chaque matin, j'ai effectué des bains de bouche pour prévenir la mucite. Mais depuis, la mucite a répondu présente. Les bains de bouche se transforment en cauchemar, un peu comme si j'arrosais mes lésions avec de l'acide. Je prendrais bien un peu d'eau pour éteindre l'incendie mais les infirmières sont formelles : il faut *d'abord* que le produit fasse effet.

Une fois lavée, on me distribue mon pyjama du jour. À Cancéropolis, quand on a la chance d'être hébergé en chambre stérile, on a l'immense plaisir de recevoir chaque matin un nouveau pyjama bleu estampillé« IGR ». Un peu comme le peignoir dans les grands hôtels : cadeau de la maison ! Il faut vraiment être de bons clients à Cancéropolis pour avoir droit à ce type de privilège. Le· mot n'est pas choisi par hasard. Avoir des croissants et du jus d'orange pressé au petit déjeuner, ce n'est pas un privilège, ça ? Quant à la nourriture, lorsque j'irai un peu mieux, j'aurai même une diététicienne attitrée, Ginette, dont je vous reparlerai au cours de mon périple. Je dois vraiment être mal en point pour qu'on me gâte de la sorte. Dans les entreprises, les petits présents sont souvent réservés aux meilleurs clients. À l'IGR, c'est pareil. Sauf que la notion de « bon client » n'est pas la même.

Pyjamatée, lavée, brossée, frottée… C'est toute proprette que je pars en balade dans Cancéropolis. Les médecins veulent vérifier si je n'aurais pas, en plus de ma leucémie, une araignée collée au plafond. Une de celles qui auraient pu causer mon malaise d'avant la greffe. On m'envoie passer un scanner cérébral. Pas encore fait, cet examen-là ! Comme quoi, il me reste encore plein de trucs à découvrir. Allez… Il faut voir le bon côté des choses. Plus j'accumule d'expériences nouvelles, plus j'aurai de souvenirs à raconter à mes petits-enfants !

Mes potes les brancardiers sont appelés en renfort. Aujourd'hui, pas de brancard. C'est carrément sur mon lit qu'ils m'embarquent pour la promenade du jour. Confortablement installée, je vais pouvoir narguer du regard tous les autres Cancéropoliens ! *Mouais... Pas de quoi jouer les malignes, Perrine. Si on te trimballe comme ça, c'est signe que tu n'es pas au mieux de ta forme, alors évite de la ramener.* Cela étant, je ne vois pas comment je pourrais narguer le moindre malade. Un masque collé sur le visage, je me planque sous les draps pendant le trajet. J'ai peur de me prendre un microbe dans le nez. J'essaie de ne pas trop respirer. Comme si ça pouvait changer grand-chose. C'est dans la tête que ça se passe, docteur !

Maman descend avec nous dans la salle des machines. Visiblement, cette flânerie dans les couloirs ne lui dit rien qui vaille. N'oublions pas que mes défenses immunitaires sont pratiquement nulles. À ce stade, il se pourrait bien que la plus petite des poussières me fasse la peau.

J'ai l'immense honneur de passer avant les autres car je suis une des locataires du « ô combien sacré » secteur stérile. J'entre par la grande porte. En quelques minutes me voici transportée de mon lit au pied du scanner. J'en ai déjà fait plusieurs pour les poumons, pas encore pour le cerveau. Avant le démarrage, on paramètre la machine puis on m'injecte de l'iode dans les veines par le biais de mon cathéter. Soyez gentils les gars, la prochaine fois, prévenez moi ! Dites-moi que je vais peut-être avoir la sensation que ça brûle mais que ça ne durera pas. À l'instant où le liquide pénètre dans mon organisme, j'ai l'impression que mon corps s'enflamme. Je peux presque ressentir le trajet du produit dans mes veines. Prêt ? Feu, partez ! La machine s'enclenche, l'intérieur de l'anneau vibre. Il semble scruter la moindre parcelle de ma tête. J'essaie de compter les tours mais l'engin va trop vite. De toute façon, je m'endors avant la fin. On me réveille, ohé mademoiselle, c'est fini ! On me ramène jusqu'à ma chambre. Pfff… Cette virée m'a épuisée. Je ne suis plus bonne à rien pour aujourd'hui. Viva la siesta ! Maman reste avec moi toute la journée. Mais qu'est-ce qu'elle peut bien faire durant ces longues heures d'attente, qu'est-ce qu'elle peut bien faire ?

Les effets du traitement s'annoncent : fatigue, vomissements, maux de tête… On a beau connaître, on ne s'y habitue jamais. Les effets secondaires sont parfois d'une telle violence ! La cortisone que je consomme à haute dose pour éviter d'autres complications inflammatoires me fait gonfler. C'est aujourd'hui le dernier jour où je suis encore capable de décrire brièvement le déroulement de mes journées. À partir de maintenant, vous pouvez actionner le gong, le combat commence. Toute la famille, les proches, les amis se posent la même question, moi y compris : va-t-elle s'en sortir ? Verdict dans quatorze jours. Après ?

Eh bien… advienne que pourra.

*
**

Au fil des jours, la mucite s'étend. Elle prend ses aises, la petite. Conséquence : je me gargarise du matin au soir. Je me laisse faire tout en bougonnant. Mais les sons que j'émets sont tellement faibles que je ne suis pas certaine que les infirmières m'entendent. Si maman n'avait pas été là pour m'obliger à continuer, j'aurais abandonné ces séances de torture où, avec des sortes de coton-tige spéciaux imbibés de désinfectant et à embouts en mousse, on badigeonne ma langue et l'intérieur de mes joues. Au fur et à mesure, les aphtes virent au sanguinolent. Ma salive devient rouge. Mon palais a le goût du sang. Mes gencives se désagrègent alors que les parois de ma gorge et de ma bouche tombent en lambeaux. Je tire sur les morceaux de peau pour me soulager mais je n'ai pas le doigté ! Ce qui fonctionne finalement le mieux, c'est le mini aspirateur proposé par l'équipe médicale. Un tuyau transparent relié à une machine « absorbe » les résidus de chair mais aussi ma salive et tout le reste. Le mélange des ingrédients est… gloups… écœurant. Petit à petit, je ne suis plus capable de faire le ménage moi-même tant lever les bras est devenu pénible. Je me répète, j'ai l'impression de chanter la même rengaine mais la vérité est là : Je ne sais plus faire que ça, endurer.

Je suis à bout de mes réserves de plaquettes. Plus d'approvisionnement. Plus de stock en magasin. On me transfuse six fois par semaine grâce à la générosité de donneurs anonymes. Dans le tuyau qui aspire, je ne vois même plus les lambeaux de chair. Il n'y a plus que du sang, du sang encore, du sang toujours. Il coule à profusion. Sans les garde-fous que sont justement ces fameuses plaquettes, il s'en donne à cœur joie. Dans ma bouche, du sang. Sur mon oreiller, du sang. Ma taie est changée tous les quarts d'heure. Je ne sais plus comment m'installer. Si je penche la tête un peu trop, un flux continu d'hémoglobine se déverse autour de moi. *« Ça fait mal, crois moi, une lame enfoncée loin dans mon âme. Regarde-toi, même pas l'ombre d'une larme... Et je saigne encore, je souris à la mort. Tout ce rouge sur mon corps... Je le blesse dans un dernier effort*[2]. »

Maman aspire, aspire. Lorsqu'elle doit me quitter, contrainte et forcée, je continue sur sa lancée mais avec tellement de difficulté. Dites-moi. Dites-moi comment maman a fait pour tenir. Comment a-t-elle fait pour supporter de voir son enfant dans un tel état de délabrement ?

Comment ?

---

2. Extrait de l'album de Kyo : *Kyosphère.*

Chapitre 6

PRENDRA, PRENDRA PAS ?

Pendant que je lutte, les médecins guettent la GvH, c'est-à-dire la réaction du greffon contre l'hôte (Greffon versus Hôte). Ça veut dire quoi, concrètement ? À un moment ou un autre, les cellules de Claire vont rencontrer les miennes. Forcément, il va y avoir un clash. Ce clash, c'est la GvH, susceptible de se manifester dans tous les organes. Ce peut être des rougeurs sur la peau, des problèmes de foie ou d'intestin, entre autres. Si les manifestations sont trop violentes, la GvH peut tuer un leucémique en un quart de tour. C'est la raison pour laquelle l'équipe médicale est sur le qui-vive. Chaque jour, une interne scrute ma peau, à l'affût des premiers signes.

Mais l'avantage, c'est qu'au même moment, il y a clash entre les cellules de Claire et les blastes restants. L'essentiel est que ce soit l'armée de Claire qui l'emporte. C'est l'effet GvL (Greffon versus Leucémie).

LA GUERRE DES GLOBULES

Pour ma part, mon seul souci est de réclamer les résultats de ma formule sanguine du matin. Je scrute à la loupe mes globules blancs, seul moyen de savoir si la greffe prend ou pas. Malheureusement, les résultats successifs ne sont pas enthousiasmants. Je stagne. Mon taux varie entre cent et deux cents. Faut-il rappeler qu'une personne normalement constituée possède entre quatre mille et dix mille globules blancs par mm^3 de sang ? Les chiffres sont éloquents. Je suis immunodéprimée, comme ils disent à Cancéropolis. Mon système de défense fait une grosse dépression. Avec tout ce qu'il s'est pris dans la tête, tu m'étonnes !

Septième jour après la greffe : 100 globules blancs. Dans mon esprit (ou du moins ce qu'il en reste), l'équation est simple. S'ils ne remontent pas, je meurs. Pourtant, allez savoir pourquoi, j'y crois. J'y crois, à cette guérison !

Huitième jour : 100 globules.

Neuvième jour : 100 globules.

Dixième jour : 100 globules.

J'en pleure, j'en ris, la date fatidique approche doucement. Inéluctablement. Après cette limite, mon billet n'est plus valable. On commence à parler autour de moi d'une seconde greffe, ou alors d'injection de globules blancs. Mais les médecins ne sont pas plus rassurés que moi, c'est dire ! Si un espoir persiste, c'est dans les yeux de mes parents que je le puise. Dans le soutien de Renaud, toujours présent malgré la tempête. Mon frère, mes sœurs ? Se rendent-ils compte que tout est à deux doigts de basculer ? Claire sans doute. Alix et Victor, eux, ne réalisent certainement pas. Ils sont trop jeunes pour visualiser la mort. Une grande sœur, ça ne meurt pas. Une grande sœur, ça montre l'exemple.

Toujours aucune nouvelle d'Emmanuelle. Je pense souvent à elle. Cet abandon me rend triste. Je ne demande pas qu'elle se déplace, je voudrais juste un petit mot qui matérialise sa présence. *Nada.* Le vide. J'ai l'impression de tomber d'une falaise. Emmanuelle me regarde mais ne me tend pas la main. De toute façon, j'ai décidé de la rayer de la liste, je suis déçue, trop déçue. Ce silence est terrible, je le ressens comme une trahison. Je peux paraître dure mais si vous saviez, si vous saviez comme c'est douloureux ! La maladie a envahi mon corps mais je reste Perrine, je reste moi. Je sais, c'est affreux de voir souffrir ceux qu'on aime. Mais si on ne les aide pas dans les moments fatidiques, alors quand ?

J'y crois, j'y crois, j'y crois ! Je vous promets, Dieu-en-qui-je-ne-crois-pas, que je vais me battre et que vous serez fier de moi. Mais faites que je vive, faites que je vive !

Onzième jour : j'attends avec fébrilité les résultats qui en général me parviennent en fin de matinée. L'infirmière a pour habitude de noter ma numération sur une étiquette que je colle ensuite sur mon agenda. Je récapitule pour les élèves distraits. Numération, ça veut dire l'ensemble des taux de globules blancs, de globules rouges et de plaquettes. 11 heures. Mais qu'est-ce qu'elle fait, aujourd'hui ! J'appuie sur la sonnette, vite !

– Combien ? -100 blancs. Ce n'est pas encore pour maintenant, me répond l'infirmière désolée. -J'en ai marre. Je veux que ça remonte, je le veux vraiment ! lui dis-je en souriant.

Je souris toujours, de toute façon. Enfin... quand la douleur m'en laisse le temps. Je souris parce que je veux ressembler à ceux qui vont bien. Je souris aussi parce que j'ai besoin de me protéger. Je veux qu'on dise de moi que je suis forte. Je grappille inconsciemment chaque seconde d'énergie et je m'en nourris. Non, tous les malades ne se battent pas. Il y en a qui se plaignent à longueur de journée, d'autres qui se voilent la face, d'autres qui préfèrent « partir » à cause de la souffrance. J'ai choisi mon camp. Je refuse de me noyer. Pourquoi les grands champions sportifs parviennent-ils à fournir des efforts surhumains ? Justement parce qu'ils ont fait de leur mental un allié. Je me bats avec leurs armes.

Je n'ai pourtant rien d'une championne !

Douzième et treizième jours : 200 globules blancs.

Une remontée dont je n'ai pas le temps de me réjouir. Le corps médical me dit que ce n'est pas significatif. Fausse joie, prends-toi ça dans la tête, Perrine. Le docteur Bourhis commence à préparer maman à l'éventualité d'autres traitements sans, je pense, laisser entendre qu'il n'y a plus rien à espérer.

Du moins je ne le crois pas. Ou peut-être. En fait, j'en sais rien. Je vis dans mon lit, je ne suis pas au courant de ce qui se joue dans les couloirs. Je ne reçois pas la Gazette de Cancéropolis.

Quatorzième jour : tenez-vous bien ! Mes globules blancs sont passés de 200 à 1 000 en une nuit. Record historique. Y es ! Vous vous rendez compte ? 800 globules de plus en une nuit ! Ce n'est pas permis un tel signe du destin ! Depuis le premier jour, je me concentre sur mes blancs pour qu'ils se bougent un peu, ils ont dû finir par m'entendre. C'est plus que génial. Le lendemain, je passe à 2 000 jusqu'à atteindre 3 000 globules blancs. Qui va m'empêcher de sortir de ma bulle, hein ? Qui ?

CE N'EST PAS GAGNÉ…

Pendant que mes blancs travaillent comme des brutes pour rattraper le retard, mes plaquettes et mes globules rouges paressent. Voilà qui ne va pas avancer mon bon de sortie ! Comme si ça ne suffisait pas, mes poumons leur emboîtent le pas. Je respire mal sans raison apparente. Plus les jours passent, plus la douleur s'intensifie. Mes poumons ne sont plus qu'un bloc de pâte à modeler que chaque inspiration malaxe violemment. Clouée dans mon lit, je pleure. Je pensais pourtant avoir vécu ce qui se fait de mieux en matière de supplice. Couchée sur le côté droit, je ne peux plus bouger sous peine d'être asphyxiée. À chaque inspiration, une tronçonneuse effectue un mouvement de va-et-vient entre mes poumons. Horrible. Intenable. J'ai encore à l'esprit l'image de cette tronçonneuse. Je n'ai qu'à fermer les yeux pour me la représenter à nouveau. Je vois une lame ronde hérissée de pointes en acier qui sectionne mon buste chaque fois que je respire. Je vis un cauchemar. La fièvre me fait délirer. Il s'en faut de peu pour que j'abandonne la partie. Je gonfle comme un ballon. Mes chevilles ont triplé de volume.

Je ne suis plus qu'un œdème géant.

Week-end. Mon cas s'aggrave d'heure en heure. Je m'éteins à petit feu sous les yeux de maman qui remue le service. Sa fille est en train de mourir, bon sang ! Faites quelque chose ! Aucun médecin dans les parages. Elle ne désarme pas. Maman fait appeler le docteur Raffi chez elle, la situation est devenue trop critique. Après de multiples tentatives, les internes et les infirmières finissent par la joindre. Ses instructions permettent de diminuer l'œdème, momentanément seulement.

Dès le lundi suivant, les symptômes alarmants réapparaissent. Je n'ai plus conscience du monde extérieur, j'aperçois des gens, peut-être papa, peut-être maman, des infirmières, je ne sais pas. Il n'y a plus que des ombres floues et cette tronçonneuse qui me broie. Je me bats pour rester entière, croyez-moi. Je me souviens m'être dit : « Pense à autre chose. Accepte la douleur. Dans cinq ans, tu en riras, pas le moment de lâcher prise. » Je puise dans ce qu'il me reste de forces pour m'accrocher, c'est vraiment le mot. Je m'accroche. Je m'accroche à ce qui me paraît être ma raison de vivre : je ne veux pas faire souffrir mes parents en disparaissant. Je me bats pour ma famille, pour ne pas les laisser tous derrière moi. Si j'avais été seule au monde, mourir aurait été une délivrance. Mais je ne peux pas. Pour Alix et Victor qui ne comprendraient pas. Pour Claire qui s'en voudrait injustement de n'avoir pas pu me sauver. Pour mes parents qui m'ont donné la vie. J'ai besoin d'eux comme ils ont besoin de moi. Nous sommes comme les doigts de la main. Si je disparais, je les ampute d'une partie d'eux-mêmes. Et puis Renaud, mon chéri, toi non plus je ne t'abandonnerai pas.

Je ne suis plus qu'un état : la douleur. Je n'ai plus rien d'humain. Je suis juste un amas de cellules recroquevillées sur un lit, un amas qui ne réfléchit plus, un amas qui ne bouge plus. Je suis devenue une chose. Ma seule pensée : résister.

Allô maman bobo ! Mes poumons, aïe, chaque seconde qui passe est un véritable enfer. Maman ne sait où donner de la tête pour faire bouger les choses. Et voilà que le docteur Bourhis arrive dans la chambre. Il évalue tout de suite le problème, donne des instructions, plus de ceci, moins de cela… Je me retrouve guérie en un rien de temps !

Depuis, maman l'appelle « Zorro » ! Quelques heures plus tard, en effet, je vais déjà un peu mieux mais la douleur, même si elle s'atténue, persiste. Je peux bien encore la supporter, ça fait quinze jours que je me la trimballe. Ma cousine Anaïs, avec laquelle je suis très proche, n'a pas été déçue du voyage puisqu'elle a failli assister en direct à ma mort. Cool ! Elle m'a rapporté récemment la conversation entre le docteur Bourhis et maman dont elle avait été témoin le jour de sa visite :

– Madame Huon, nous l'avons échappé belle tout à l'heure.

– Oui, je m'en suis doutée. Je vous remercie profondément d'avoir réussi à arrêter l'œdème.

– Ça s'est joué à quelques minutes, la réa était prête à intervenir.

Chimio, rayons, perfs, poumons dévastés, aplasie, greffe, mucite, Kabimix, morphine… De quoi devenir cinglée. Parfois je me demande s'il ne vaudrait pas mieux en rire, ça paraît tellement délirant. J'aurai tout vu à l'hôpital et dans toutes les positions. Tenez… Lorsque je veux uriner, par exemple. Se retrouver nue devant tout le monde n'est déjà pas agréable mais être aidée pour faire ses besoins, c'est pire encore. Allongée sur une sorte de cuvette spécialement conçue pour la circonstance (le bassin), j'essaie tant bien que mal d'ajuster mon tir afin de ne pas en mettre partout. Comme je ne possède apparemment pas le « jet » standard, il m'arrive de viser à côté. Je m'excuse auprès des infirmières, je ne le fais pas exprès. Alors, pour limiter les dégâts, elles placent sous le bassin une sorte de couche absorbante. Couche ou pas, je suis quasi incontinente. Dans la plupart des cas, je ne parviens plus à me retenir. Le pire, c'est qu'ils me refilent des diurétiques.

Quand je vous disais que c'était délirant.

Délirant mais parfois terriblement humiliant… Le seuil de la honte a été franchi pour moi, une nuit. Je dormais quand soudain j'ai été réveillée par une envie pressante. J'ai appuyé à plusieurs reprises sur la sonnette pour réclamer de l'aide mais malgré mes appels répétés, personne n'est venu. J'ai commencé à paniquer et à pleurer. N'en pouvant plus, j'ai pris la décision de passer outre l'interdiction formelle de me lever. Dans un ultime effort, j'ai réussi à me mettre debout en m'accrochant à un arbre à perfs situé près de mon lit, pour ne pas tomber. J'étais désespérée. J'avais du mal à marcher, un pas de plus et c'était la chute assurée. Je ne pouvais décemment pas faire pipi debout, au milieu de ma chambre ! Comment expliquer un tel sentiment de détresse ?

Exténuée, à bout de forces, j'ai tout de même fini par me soulager à côté de mon lit, par terre… Quelle déchéance ! Je pleure toutes les larmes de mon corps.

L'infirmière est enfin arrivée mais… trop tard. Je me suis confondue en excuses. J'étais désolée, et surtout humiliée. Je ne savais plus où me mettre. L'infirmière m'a rassurée, consolée, elle a dit que ce n'était pas grave, que ce n'était pas ma faute. Pas ma faute ? Peut-être… Mais cet événement était là pour me rappeler combien j'étais faible et démunie, sans plus aucun pouvoir sur mon corps.

Fin de la mucite, mais le greffon se rebelle

De mon lit, mon regard capte l'horizon. Je me verrais bien dehors, dans la nature que je ne peux observer que de ma fenêtre. L'aéroport d'Orly n'est pas loin. J'aperçois les avions. Je m'amuse à inventer leur destination. Je rêve aux gens qui, pendant que je suis là, clouée sur mon matelas, partent en vacances. J'imagine des familles, des enfants. Le docteur Bourhis évoque une prochaine sortie. Dans une semaine peut-être. Ou bien dans un an ! Je préfère laisser mes illusions et les fausses joies au vestiaire.

Par la force des choses, mon imagination cavale. Grâce à mes divagations, je m'évade. Je me raconte plein d'histoires dans ma tête. Tantôt je suis sur scène en train de chanter et danser, tantôt je suis étudiante (personnage à ma mesure !) et je réussis mes examens. Ou alors je suis la protagoniste d'un conte fantastique. En tant que metteur en scène de mes propres films, je m'octroie régulièrement le premier rôle. Je suis l'héroïne de la situation. Et bien entendu, je m'en sors toujours. Présage ? Dans ma tête, ça fonctionne à plein régime. Parfois, je me transpose dans le futur : comment serai-je dans un an ou deux ? On n'a pas encore trouvé mieux que le rêve pour s'échapper.

Tandis que je mets en scène mentalement une éventuelle sortie, une sale blague se prépare. *Encore ?* me direz-vous. Si vous avez bien suivi mes péripéties, vous avez dû remarquer que je n'ai toujours pas parlé de GvH en ce qui me concerne. Aucune raison que j'échappe à la réaction du greffon, pourtant. La preuve : j'ai des plaques sur le visage, des plaques rouges qui s'étendent à une vitesse folle. Le visage puis le dos, les jambes. Bref, mon corps entier. J'ai eu ma dose, je suis rassasiée, c'est bon, j'ai compris la leçon. Tu peux me laisser en paix, maintenant, Dieu-en-qui-je-ne-crois-pas ?

La GvH touche la peau, tant mieux, c'est la réaction la moins grave. Pas si vite ! Quand je dis « moins grave », c'est relatif car dans cette p… de maladie, tout peut prendre des proportions inimaginables, vraiment inimaginables. Évidemment, c'est sans commune mesure avec les massacres des pays en guerre et autres barbaries de la sorte. Je n'ai pas été amputée d'un membre. J'ai encore toute ma tête. Mon corps n'est pas brûlé, mon visage n'est pas balafré. Je ne suis pas défigurée. Je n'ai subi aucun viol, ma famille est en bonne santé, j'ai encore mon papa et ma maman. Je ne suis pas dans un fauteuil roulant à vie, je n'ai pas été séquestrée, prise en otage et pourtant il me semble faire partie du clan de ceux qui ont « souffert ». Des personnes qui connaissent désormais la valeur d'une vie. Des personnes qui savent que ça n'arrive pas qu'aux autres.

Les doses de cortisone ingérées me font gonfler à en devenir méconnaissable. La ciclosporine (un anti-GvH mais aussi un anti-rejet), quant à elle, développe mon système pileux. Très seyant ce duvet sur le visage. Mon ventre n'a rien à envier à celui d'une femme enceinte. Je n'exagère pas. En quelques semaines, alors que j'étais d'une maigreur absolue, je me transforme en véritable Bibendum. Cerise sur le gâteau : j'ai une paupière qui gonfle plus que l'autre. Allez savoir pourquoi ! La transformation est étrange. Mon visage bouffi me bride les yeux. Disons que je suis un savant mélange de Kojak et Quasimodo.

Je me gratte à tout va. Les infirmières me badigeonnent de crème ultra-hydratante pour que je ne me dessèche pas trop à cause des boutons. Je n'ai jamais vu de pots aussi gros. Le contact est agréable, la crème sort du réfrigérateur. Je suis soulagée… environ cinq minutes. J'aimerais arracher ma peau comme on retire une combinaison. J'en perds le sommeil. Heureusement, mon ange veille. Je l'appelle mon ange car j'ai oublié son prénom. Je me souviens seulement du regard de cette infirmière de nuit si douce, si patiente. Un regard profond rempli de compassion. De temps à autre, nous regardons la télévision ensemble lorsque les couloirs sont silencieux. Chaque fois qu'elle pénètre dans ma chambre, elle dégage des ondes positives. Je me sens tout de suite mieux. Sa bienveillance m'encourage. Il lui arrive de s'installer au bout de mon lit pour me masser les pieds. Un pur moment de détente. Ou bien elle prend en charge mes démangeaisons en me frottant le dos avec de la crème hydratante. Cette femme doit avoir l'âge de maman, peut-être un peu moins. Parfois, je parviens à m'endormir uniquement grâce à sa présence et à ses soins. À travers ces quelques lignes, je lui témoigne toute ma reconnaissance.

Merci, petit ange de la nuit.

NICOLAS : UN ESPOIR DANS LA CHAMBRE À CÔTÉ

C'est bête mais savoir qu'on n'est pas seul à traverser le même désert est réconfortant. Je prends régulièrement des nouvelles de Nicolas, le garçon qui se trouve dans la chambre voisine. Il a vingt et un ans et, pour lui, ça se passe un peu moins bien. Non seulement les rayons ont brûlé certaines parties de son corps (dont les parties génitales), mais sa GvH prend une ampleur dingue. Le foie et les intestins sont touchés. En revanche, ses globules blancs remontent plus vite que les miens. Nicolas est souvent seul, ses parents travaillent tous les deux. Il est malade depuis son enfance. Problème de plaquettes. Il ne s'agit pas d'une leucémie mais pour guérir il avait besoin d'une greffe de moelle osseuse. Le donneur compatible a été trouvé -un Allemand -, d'où sa présence dans le même service que le mien.

Nicolas a été greffé une semaine avant moi. C'est un garçon qui a apparemment l'habitude de se débrouiller par ses propres moyens. Pendant son hospitalisation, il souhaite s'inscrire à Jussieu, à Paris, pour suivre des cours par correspondance. De quelle manière compte-t-il travailler dans cet état ? Après tout, chacun se bat contre la maladie à sa façon. C'est tout à son honneur. Lorsque je ne suis pas trop vaseuse, je demande de ses nouvelles. Nous sommes un peu liés. Comme si nos esprits communiquaient à travers la cloison qui nous sépare.

Un jour, maman décide de lui rendre visite afin de lui tenir compagnie. Elle a déjà rencontré ses parents, désolés de ne pouvoir s'occuper davantage de leur fils. Elle passe donc quelques heures dans sa chambre où ils discutent de tout et de rien. Nicolas s'enquiert de mon état de santé. Il parle beaucoup de ses futures études.

Dès que maman revient dans ma chambre, je veux tout savoir ! Comment va-t-il ? À quoi ressemble-t-il ? Est-il sympa ? Nicolas est apparemment très marqué par les traitements, plus que moi encore. Il pèle de partout à cause de ses brûlures et de la GvH. Je compatis, ce ne doit pas être amusant. Je réalise que dans mon malheur, je ne suis pas si mal lotie. Mais la roue tourne. Par la suite, Nicolas reprend le dessus. Alors que je passe de transfusions en transfusions à cause de mon taux de plaquettes, Nicolas, lui, semble remonter la pente. Et puis un jour, il sort et pas moi.

Moi ? Je n'en finis pas de me gratter, merci.

ET JE PARS QUAND ?

– Docteur, je pars toujours la semaine prochaine ?

Je profite du passage du docteur Bourhis pour apostropher mon médecin préféré. Nous sommes en novembre, cela fait plus de deux mois que je rumine dans la salle des tortures. Bien que ces dix semaines en chambre stérile représentent une longue période, j'ai le sentiment d'avoir effectué un séjour plutôt court. Je l'ai déjà dit, la douleur modifie la perception du temps. On ne distingue plus vraiment le jour de la nuit. Il n'empêche : je veux sortir !

Le docteur Bourhis s'approche de moi et s'assoit au bord de mon lit. L'heure est grave, je le sens.

– Écoute, Perrine, je ne peux pas te laisser sortir rouge comme une tomate, regarde-toi, ce ne serait pas raisonnable, me répond-il, l'air désolé.

Je ne retiens pas mes pleurs, je suis tellement déçue. Je ne m'attendais pas à ce qu'il me garde juste à cause de ces foutus boutons. Le docteur Bourhis prend ma main. Selon lui, je dois continuer à être courageuse. Facile à dire ! Il me sourit et m'explique que ça ne devrait plus durer longtemps. Je l'écoute les yeux remplis de larmes. Il dédramatise grâce à son sens de l'humour. Ça me remonte le moral. Un tout petit peu.

Lorsqu'il sort de la chambre, je peux dire que je le hais et que je l'adore tout à la fois. Je le hais car sur le coup, je le rends responsable de mon enfermement. Je l'adore car je sais qu'il prend cette décision pour mon bien. Je n'ai aucun doute là-dessus. De toute façon, depuis notre toute première rencontre à l'IGR -nous étions alors désespérés, les deux cures à Lille n'avaient pas marché -, nous l'avons tout de suite apprécié, ma famille et moi. Dans ma tête, je l'ai déjà dit, le docteur Bourhis est mon sauveur. Il me fait rire, il me fait espérer. Depuis, un lien spécial m'unit à lui. Lorsque je le vois, je ressens comme quelque chose de fraternel.

Le docteur Bourhis l'a voulu ainsi : j'obéis.

Mes crises de démangeaisons diminuent. Quinze jours supplémentaires : il faut au moins ça pour que ma GvH s'adoucisse. Je touche du doigt la délivrance mais je ne veux surtout pas qu'on fixe une date. Si je reste dans le flou, j'ai l'impression de conjurer le sort. Chaque fois que j'échafaude un plan, patatras, tout tombe à l'eau. Garder la tête froide. *Allez, Perrine, rassure-toi, ton tour viendra.*

*
**

Voilà, j'ai l'impression d'avoir fait le tour de cette dernière hospitalisation. Mes souvenirs sont flous. Il faut bien comprendre que pendant cette phase, j'étais dans un état second. Les gens défilaient devant moi sans que je prête attention à leur visage. Je ne me souviens que de maman, et encore, pas toujours, j'ai zappé pas mal de clichés. Bien sûr, je reconnaissais papa, mon frère et mes sœurs, mais l'impression reste diffuse. C'est terrible de penser que des gens se sont déplacés pour vous soutenir et que vous avez oublié leurs visites. Dans le lot de mes« absences », j'ai repêché Édouard, un ami d'enfance, un mec drôle et sympa qui m'a offert un gri-gri rapporté d'un de ses périples en Égypte. Et Amélie, une amie connue sept ans plus tôt lors d'un voyage en Espagne. Nous nous étions promis de monter un spectacle comique à deux. Je ne l'avais pas vue depuis au moins quatre ans. Je lui ai juré de me battre, ne serait-ce que pour reprendre notre projet là où nous l'avions laissé ! Et Suzon, ma grande copine d'école avec laquelle j'ai partagé des super délires. Aujourd'hui, ces trois personnes peuvent me demander ce qu'elles veulent. Je leur suis redevable de ne pas m'avoir laissée tomber. Les vrais amis ne sont pas toujours ceux qu'on croit. Emmanuelle, elle, n'a plus donné aucun signe de vie.

Mais pensons aux choses positives. Je sors enfin. Si, c'est vrai ! Allongée sur un brancard, sourire aux lèvres, je dis au revoir à tout le service. Roule ma poule. Je suis ce qu'on appelle à présent une post greffe. À ce titre, j'ai droit à une cure de remise à niveau. Maman et moi allons partager un studio équipé de deux lits, d'une kitchenette et d'une douche dans un centre de repos situé dans le cinquième arrondissement de Paris. Elle m'attend là-bas. Nous avons encore un bout de chemin à faire ensemble, elle et moi.

Ce séjour en maison de repos ne sera pas de trop pour me réapprendre les gestes de la vie quotidienne. Je ne sais plus mettre un pied devant l'autre, je ne sais plus manger, marcher, m'habiller, me chausser. Même réfléchir me demande des efforts surhumains.

En fait, je quitte Cancéropolis comme on quitte le ventre de sa mère.

Chapitre 7

DERNIÈRE ÉTAPE : LA CONVALESCENCE

Pour ceux qui se seraient perdus en chemin, petit résumé de l'affaire : après avoir obtenu mon grade de « leucémique » avec mention « lymphoblastique », j'ai intégré la prestigieuse école de la « chambre stérile ». Là-bas, j'ai choisi ma spécialité : « chimio ». Partiels en avril et en juin. J'ai malheureusement échoué. Pourtant, on ne peut pas dire que je n'avais pas bossé. Du coup, j'ai dû repiquer en septembre. Il a fallu que je travaille pendant les grandes vacances, option « chimio ambulatoire ». J'ai passé l'épreuve principale le 29 août avec ma sœur Claire. J'ai tout pompé sur elle pendant l'exam'. Fallait que j'aie exactement les mêmes réponses. De toute façon elle était bien meilleure que moi en matière de « moelle osseuse ». J'avais tellement de points à rattraper que je n'avais pas le droit à une seule erreur. Session de rattrapage extrêmement difficile, les questions étaient vicieuses. Le docteur Bourhis qui surveillait l'épreuve a dit qu'il ne fallait pas se décourager. Je viens d'avoir les résultats et c'est bon, j'ai gagné mon « permis de vivre ». Pas de pot, comme je l'ai obtenu in extremis, il s'agit d'un permis provisoire qui peut, si je fais fausse route, se transformer en un « permis de mourir ». J'ai cinq ans pour faire mes preuves, jusqu'au 29 août 2005.

À cette date, un véritable et authentique diplôme me sera décerné.

*

**

En attendant, je fonce direct au studio rejoindre maman. Enfin, quand je dis « je fonce », c'est façon de parler. Une ambulance me transporte dans le cinquième arrondissement. J'aperçois la Grande Mosquée de Paris, d'autres monuments, le Panthéon… En fait, je cite la Grande Mosquée et le Panthéon mais je me la joue parce qu'à l'époque, je connaissais très peu Paris.

Pour parcourir les quelques mètres qui me séparent de l'entrée du centre, les ambulanciers aimeraient bien m'asseoir dans un fauteuil roulant. Je n'ai pas besoin de leur fauteuil. Je peux marcher. Qu'on me laisse au moins essayer ! Je fais encore ma maligne. Les ambulanciers insistent, *vous êtes sûre, mademoiselle ?* Mais oui, ne vous inquiétez pas. Une fois lâchée dans la rue, je fais un pas avant de m'étaler de tout mon long. C'est qu'ils font au moins dix centimètres de haut, les trottoirs ! Une fois de plus je prends conscience de mes limites. Et une fois de plus, ma fierté en prend un coup.

Je fais donc mon entrée triomphale au centre en quatre roues. Même impression que pour le CHR de Lille. C'est bof bof. L'endroit est triste et sale. Les gens que je croise ne sont certainement pas leucémiques, j'en donnerais ma main à couper. On dirait plutôt des émigrés en transit. Il y a beaucoup d'Africains, dont pas mal d'enfants qui jouent et courent dans le hall d'accueil. Vous êtes certain qu'il n'y a pas erreur sur la destination ? Il est où, le secteur post-greffe ?

Maman m'entraîne dans les couloirs, direction notre studio. Tout est sordide là-dedans. Et dire que je suis censée me protéger du moindre microbe ! Face à l'entrée, une kitchenette équipée. À droite, la chambre. Le premier lit est médicalisé. L'autre, à ressorts, est carrément inconfortable. Je suis gênée que maman soit obligée de dormir là-dessus. Le reste se résume à une table, une petite télé, une commode, point barre. Un studio on ne peut plus sommaire et surtout on ne peut plus sombre. Alors qu'il fait grand jour, la pièce semble plongée dans le noir. Deux fenêtres donnent sur la cour de l'immeuble mais nous sommes au troisième étage. Nous avons vue sur le mur d'en face.

Le plus intrigant, voire le plus inquiétant, est sans nul doute la salle de bain. Si je vous dis qu'il y a un lavabo, vous allez me répondre : normal ! Si je vous dis qu'il a une douche, vous allez me répondre : normal ! Ce qui l'est moins, c'est que le tuyau et la pomme de la douche ont été enlevés. La sortie d'eau est bouchée au moyen d'un chiffon et de chatterton. D'après le médecin responsable du centre, le système d'aération et la tuyauterie ont été infectés par la légionellose et l'aspergillose. Il a préféré condamner les douches par sécurité. Rassurant pour quelqu'un dont le système immunitaire fonctionne au ralenti ! Maman et moi n'avons pas d'autre choix que de lui faire confiance : le toubib affirme que je ne risque rien. Après tout, ils ne seraient pas assez fous pour exposer des post-greffe à de tels dangers. Maman, toujours à l'affût, me recommande une extrême prudence.

Le médecin responsable du centre repasse quelque temps plus tard pour m'ausculter et noter plein de trucs sur son cahier de suivi. Il guette les futurs signes de GvH. Il faut qu'il y en ait encore pour montrer que la moelle s'active. Depuis l'épisode des boutons à l'Institut Gustave-Roussy, RAS. Il paraît que j'ai encore besoin d'être hydratée avec du glucose. La poisse ! Je pensais qu'une fois sortie de Cancéropolis, je serais débarrassée des perfs. J'ai l'impression d'être en liberté conditionnelle. En réalité, on m'a permis de quitter Cancéropolis pour intégrer un autre hôpital, un hôpital « maquillé », c'est ça ? Pas tout à fait puisque mon studio ne ressemble ni de près ni de loin à une chambre stérile. Et puis dès que les produits auront fini de couler, grande première : je pourrai aller me promener. Toujours en fauteuil roulant bien sûr, sans oublier le masque pour me protéger. Avec un tel accoutrement, je suis certaine de ne pas passer inaperçue dans la rue ! Mais je ne vais pas me plaindre du changement. Je l'ai tellement attendu.

Les « intendants » du centre nous expliquent ensuite comment fonctionnent les repas dans la maison. Deux solutions : on peut soit se faire livrer des plateaux, soit cuisiner dans le studio. Dans un premier temps, nous choisissons maman et moi les plateaux-repas car certains sont conçus spécialement pour les post-greffe. J'ai un régime alimentaire très strict que Ginette, la diététicienne de l'IGR, m'a donné en partant : je ne peux consommer que des aliments cuits. Pas de crudités, pas de fruits crus, pas de fromage. Ginette est plutôt pour les plats tout faits, ceux qu'on trouve dans le commerce. C'est drôle parce qu'on pense souvent que les plats industriels ne sont pas bons pour la santé. C'est visiblement le contraire puisqu'elle m'a conseillé d'y avoir recours. Ah, j 'oubliais… Interdiction de manger des crustacés. Et moi, j'ai envie de crevettes ! Je veux toujours ce à quoi je n'ai pas droit.

Ça commence bien : le premier plateau qu'on nous sert n'est pas conforme aux instructions de ma diététicienne : poulet froid, salade, sauce vinaigrette, yaourt et camembert non emballé. Je suis affamée, merci la cortisone ! Ce médicament a l'art de vous creuser comme jamais. Et là, je ne peux pas manger ce qu'on me donne. Maman préfère se rabattre sur l'option « fait maison ». Je compte sur ses talents de cuisinière pour me concocter ce que j'aime parmi les suggestions de Ginette. Tant pis si la liste des interdits s'étale sur plusieurs pages.

SACRO-SAINTES PLAQUETTES : MERCI À CEUX QUE JE NE CONNAIS PAS

Tous les deux jours, je me rends à Cancéropolis pour une consultation et des transfusions de sang et de plaquettes. Surtout de plaquettes. Personne ne comprend pourquoi mon taux ne remonte pas malgré la régularité des soins. Ma nouvelle moelle osseuse n'est pas encore opérationnelle, apparemment.

Mes journées à l'IGR sont interminables. Maman et moi nous levons à 6 heures du matin afin de ne pas rater l'ambulance de 7 heures. Une fois dans le service d'hospitalisation de jour, prise de sang habituelle. Ensuite, mes tubes partent pour l'analyse. Dans l'attente de ces résultats et de ma consultation avec le docteur Maillard -une jolie jeune femme brune très sympathique -ou le docteur Bourhis lui-même, je patiente dans une salle avec d'autres malades. Nous sommes tous installés en rond sur des fauteuils ou des chaises. À force d'être assise, j'ai mal aux fesses. Chaque fois qu'on m'appelle, j'espère que le médecin confirmera la hausse de mes plaquettes. Ce n'est toujours pas le cas, alors j'ai droit à mon remontant plaquettaire avant de partir.

Ces rendez-vous réguliers à l'IGR sont l'occasion de retrouver mes copains de galère : ceux qui ont été greffés quasiment en même temps que moi, dont Nicolas. J'ai fait sa connaissance de visu, je sais maintenant la tête qu'il a. li y a aussi les p'tits Chanson. Je n'ai pas encore parlé des p'tits Chanson ? lis sont pourtant adorables. Je vous fais les présentations : lui, c'est M. Chanson. Malade comme moi, environ cinquante-cinq ans. li est toujours accompagné de Mme Chanson avec laquelle maman a sympathisé lors de ses différentes visites. Deux bavardes ensemble, ça n'arrête pas ! Pendant ce temps, de notre côté, M. Chanson et moi somnolons sur un fauteuil ou bien nous parlons chiffres et commentons nos prises de sang. M. Bolinet, lui, ne se plaint jamais. li est courageux. Sa femme n'est pas aussi présente que Mme Chanson car elle travaille. Quel âge peut bien avoir M. Bolinet… Quarante-huit ? Cinquante-huit ? J'ai oublié. De toute façon, avec nos têtes rasées et gonflées par la cortisone, le jeu est truqué d'avance. Finalement, quel que soit notre âge, qu'il s'agisse de M. Chanson, de Nicolas, de M. Nzhié l'Antillais, ou de Matthieu, nous nous ressemblons tous.

Je suis bien contente qu'ils me tiennent compagnie parce que les plaquettes sont rarement disponibles sur-le-champ. Leur présence est un précieux dérivatif contre les heures d'attente. Il m'arrive parfois de rester la nuit avant d'être transfusée. Dans ce cas-là, je suis alors dirigée vers le service des urgences. Je peux m'estimer heureuse quand il y a un lit disponible car il n'est pas rare que je patiente sur une chaise dans une des salles communes. Avec maman, nous finissons par nous énerver et pester contre le service parce qu'ils ne vont pas assez vite. Nous pensons que c'est à cause de l'hôpital que tout est si long. Plus tard, j'ai appris qu'en fait, si les plaquettes tardaient tant, c'était simplement parce qu'il n'y avait pas assez de donneurs sur Paris. Quand on sait, en plus, que les plaquettes ne se conservent que cinq jours… On a souvent tendance à ne voir que midi à sa porte sans penser que derrière, le travail s'effectue mais en fonction des possibilités de chacun. Recueillir des plaquettes n'est pas une mince affaire. Avant de tomber malade, j'imaginais que l'hôpital en avait en stock. Et que si je n'étais pas« servie » immédiatement, c'était parce que le système d'approvisionnement était mal géré. Pourquoi, puisqu'ils savaient que j'allais en avoir besoin, n'en passaient-ils pas commande la veille ? Si tout pouvait être aussi simple qu'une touche sur laquelle on appuie… Je ne comprenais pas non plus pourquoi il fallait attendre les résultats de ma prise de sang de 11 heures pour se mettre en quête des précieuses cellules. Bref, beaucoup de choses me paraissaient absurdes.

Lorsque je réalise ce qu'il en est vraiment, je bénis ces anonymes qui se déplacent pour transmettre un peu d'espoir à des personnes qu'ils ne connaissent pas. Savent-ils, ces donneurs, que grâce à leurs plaquettes, ils nous sauvent de l'hémorragie ? Quand je voyais ce liquide jaune couler dans mes veines, je me demandais quels étaient ces donneurs. Des hommes ? Des femmes ? S'étaient-ils déplacés après leur travail, raison pour laquelle on me transfusait parfois tard dans la nuit ? Comment avaient-ils été informés du don de plaquettes ? Moi, je ne savais pas qu'on pouvait les « offrir » avant d'être malade. On en parlait si peu, à l'époque. Le plus dingue, c'est que donner ses plaquettes ne représente que deux heures de son temps toutes les six semaines. Deux heures, pour un être humain en pleine forme, qu'est-ce que c'est ? Un tour au supermarché, une balade dans la forêt, une séance de cinéma. Outre la notion de« sauver des vies », les dons réguliers permettent également aux patients d'être transfusés dans des délais raisonnables et dans des conditions décentes. L'information est indispensable pour que les gens réalisent que les dons en nature sont parfois tout aussi importants que les dons d'argent. Les étudiants, par exemple. Ils font partie de ceux qui ont du temps. Sont-ils au courant ? Ce serait chouette si tous les jeunes venaient donner pour nous, les autres jeunes qui ne sommes pas en état de boire un verre avec nos potes, de sortir le soir, ou de participer à des week-ends de folie entre amis. Si seulement… Imaginez qu'une fois par semaine, au lieu de refaire le monde dans un café, une bande de potes décide de le changer réellement, ce monde, en donnant leur sang et leurs plaquettes tous ensemble.

Ce ne serait pas beau, un tel élan de générosité ?

PREMIÈRES BALADES… SI L'ON PEUT DIRE

Le matin, au centre, pendant que je dors, maman se balade et fait des courses, notamment chez un super bon poissonnier qu'elle a déniché au hasard d'une de ses promenades. Elle me rapporte alors pour le déjeuner du merlan frais qu'elle prépare avec une délicieuse sauce au beurre blanc. Je réclame souvent de la purée. J'adore la purée. J'en mangerais tous les jours. Maman se plierait en quatre pour un de mes sourires. C'est une maman de rêve. Je savoure la chance que d'autres n'ont pas. Nicolas, par exemple, doit apprendre à se débrouiller seul.

Avec maman, je peux parler de tout. Mais je dois dire que pour l'instant, la maladie reste au cœur de nos conversations. De toute façon, nous ne sommes pas au courant de ce qui se passe à l'extérieur, chez les autres, sur la Terre. Cancéropolis nous a déformées. Nous sommes branchées à fond cancer. Nous nous sommes repliées sur nous-mêmes, nous vivons dans le royaume du mal. L'espoir de m'en sortir demeure, mais franchement, il faut être superwoman pour voir la vie en rose. J'en suis au stade où les rues et les arbres n'ont plus de couleurs. Les gens tirent la tronche, je ne vois rien d'attrayant autour de moi. À l'hôpital, j'étais enfermée vingt-quatre heures sur vingt-quatre. J'étais dans ma bulle, je rêvais à d'autres horizons. Aujourd'hui, je suis dans un centre de repos, maman vit avec moi, je ne peux pas lui imposer une réclusion totale. C'est déjà tellement merveilleux d'être au-dehors. Il faut qu'elle sorte, il faut que moi aussi je sorte. Maman m'emmène en balade régulièrement. Elle pousse mon fauteuil roulant. Je porte mon masque, je suis grosse et gonflée. Je ne ressemble plus à rien. Les passants me fixent. Ou est-ce simplement moi qui me sens épiée ? Déambuler ainsi rue de Rennes me paraît assez surréaliste. Il y a du monde, les gens marchent vite, se bousculent, les voitures s'affolent et klaxonnent. J'ai l'impression de ne plus faire partie de ce monde.

Je suis moche mais j'ai retrouvé mon appétit. On ne peut tout avoir à la fois. Maman m'achète une part de pizza. Pendant que je savoure, nous continuons notre périple vers les jardins du Luxembourg. Je finis par m'assoupir dans mon fauteuil. Maman fait demi-tour pour me ramener. Elle doit s'esquinter à me pousser comme ça. Les trottoirs ne sont pas tous équipés de bordures spéciales. Si maman se bousille le dos pour franchir les trottoirs, de mon côté, j'avoue que la vie de handicapée moteur, c'est dur dur. J'avais déjà l'impression de comprendre un peu avant d'être malade mais maintenant que je « cotise » moi aussi, c'est encore plus criant. La vie quotidienne se transforme en un combat permanent.

Maman essaie de me faire marcher. Je me tiens au fauteuil et je tente quelques pas mais actionner mes jambes après tant de mois d'inaction est douloureux. Je n'ai plus de muscles. Ils ont fondu. Les résultats sont lents à venir. Il y aurait bien la kiné pour m'aider à progresser plus rapidement mais, entre nous, j'en ai assez des contraintes. J'ai eu ma dose. La rééducation, très peu pour moi. Je suis très impressionnée par M. Bolinet, un de mes « collègues » greffés, lui aussi au centre de repos. Il n'est pas au top de sa forme mais il se promène tous les jours. Avec une canne, d'accord. C'est mieux que rien. Nous arborons tous les deux le même accoutrement : béret pour lui, bonnet pour moi. Normal, il fait froid en novembre. À quelques globules près, nos résultats sont identiques. Et comme nous faisons tout pareil, nous avalons consciencieusement nos médicaments antirejet, nos antibiotiques, nos antifongiques, j'en passe et des meilleures. Trente pilules par jour. D'autres que nous seraient déjà morts d'overdose ! Maman me prépare mes pilules car je ne peux pas les sortir de leurs boîtes. Mes mains tremblent. J'ai perdu mes ongles, mains et pieds confondus. Dès qu'un morceau de tissu effleure le bout de mes doigts, je sursaute.

J'ai bien conscience d'être une charge pour mes parents. Je sais qu'ils bondiront en lisant ces lignes car ils ne se sont jamais plaints et n'ont jamais montré quelque signe de découragement que ce soit. Cela dit, lorsqu'on a une famille à gérer et surtout une famille à aimer, il faut également penser aux autres afin qu'ils ne se sentent pas rejetés ou écartés. Maman a raison de rentrer quelques jours à Saint-Quentin. Renaud prend la relève.

Je n'ai pas beaucoup évoqué mon fiancé durant les chapitres précédents mais il est fidèle au poste. Nous n'avons pas manqué un appel téléphonique depuis le début. Égal à lui-même, Renaud se montre chaque fois un peu plus attentionné. J'ai beaucoup gonflé. C'est sans importance. À ses yeux, je suis la plus belle. J'insiste :

– Mais regarde-moi. Je suis horrible !

Renaud a réponse à tout.

– Alors tu es *ma* plus belle, si tu préfères.

Comment ne pas s'accrocher avec de telles preuves d'amour ?

Nous ne pouvons toujours pas nous embrasser ou nous toucher à cause des infections. Ça m'est égal, je n'en ai pas envie. La présence de Renaud me suffit. Elle me stimule, elle me réchauffe. Pour lui, le manque de contact est plus pénible, mais il a confiance. J'ai confiance. Nous reprendrons notre vie d'avant quand je serai guérie. En attendant, notre relation, devenue purement platonique par la force des choses, reste toujours aussi forte. Pourtant, pendant ces deux jours où Renaud veille sur moi, je dors la plupart du temps.

La fois suivante, Renaud ne débarque pas seul. Vous vous souvenez de Séb ? Celui qui avait porté ma valise quand j'étais rentrée à Lille au tout début de ma leucémie, un dimanche soir à l'appart', complètement exténuée et essoufflée ? Je l'avais présenté à Renaud. Ils étaient devenus amis par la suite. Puisqu'ils sont là tous les deux au centre, autant que nous profitions de la journée. J'ai envie de visiter le Panthéon. Ni une ni deux, ils m'embarquent. Renaud me guide. Je suis super heureuse ! Visiter le Panthéon, il y a plein de gens qui le font. Moi aussi je vais le faire, je suis donc un peu comme tout le monde. Sauf qu'en fauteuil, les choses se compliquent légèrement. Pour accéder au tombeau de Pierre et Marie Curie, big problème : il faut descendre dans les sous-sols du bâtiment. Les escaliers sont trop étroits pour ma machine. Je ne peux m'y rendre en fauteuil ? J'irai sans !

Renaud me soulève · soudain tout en demandant à Séb de garer mon engin à l'accueil. Il ne manquerait plus qu'on nous le fauche ! Une fois en bas, j'insiste pour essayer de marcher. Pendant que Renaud me soutient, j'esquisse quelques pas, non sans difficulté. La crypte est jolie, j'apprécie la visite. Mais je ne tiens pas très longtemps. Je termine vite dans les bras de Renaud qui, plus tard, avec l'aide de Séb, m'emmène déguster une glace chez Haagen-Dazs, près de la rue Mouffetard. Avec maman, j'ai pris l'habitude, à l'époque, de dévorer quatre boules à la vanille recouvertes de vermicelles multicolores. Je serais bien incapable de battre ce record aujourd'hui mais à ce moment-là, mon traitement à la cortisone m'affamait. Quelle merveilleux après-midi ! J'ai presque vécu comme tout le monde. Dans ma quête vers la guérison, je cherche sans cesse à gommer ma différence.

Mais je ne pensais pas que ressembler aux autres serait si éprouvant.

UN ÉNORME BLEU EN SOUVENIR DE« L'AGNEAU »

Autant je suis satisfaite de la qualité du personnel et des soins prodigués à Cancéropolis, autant je reste persuadée que le centre de repos n'est pas fait pour moi. Je ne m'y sens pas en sécurité. L'ambiance est malsaine. Les odeurs de nourriture qui flottent en permanence dans les couloirs m'indisposent. J'ai du mal à me l'expliquer mais on se croirait dans un centre social. La nuit, lorsque la machine qui régule mon goutte-à-goutte se met à sonner pour une raison quelconque (ça arrive fréquemment, hélas !), le personnel médical est incapable de répondre aux questions que je lui pose. Chaque fois que maman s'endort, boum, ça sonne ! Je la boufferais, cette saloperie de machine. Les infirmiers avec ! Quand je dis infirmiers... Je commence à avoir l'habitude. S'ils sont infirmiers, alors je suis la reine d'Angleterre. J'ai la nette impression qu'il s'agit plutôt d'aides soignants. Dans ce cas, où sont passés ceux qui soignent vraiment ?

Pour une post-greffe, je n'ai pas trop à me plaindre. Je suis installée à Paris depuis deux semaines et je n'ai pas encore de complications sérieuses. Pourtant, un matin, je me réveille avec une douleur aiguë dans le bras gauche. Une de mes veines qui fait des siennes. Mon bras est paralysé. Maman appelle le médecin responsable qui préconise une injection de morphine. C'est ici qu'intervient « l'agneau », l'infirmier désigné pour me piquer. Il a une voix de femme. Je n'aime pas les piqûres. Je le lui dis d'entrée de jeu. D'après lui, je n'ai pas à m'inquiéter. « Je suis doux comme un agneau », m'assène-t-il avant de me percer brutalement la peau.

– Aïeeeeeeeeeeeee, ça ne va pas ? Qu'est -ce que vous faites ? J'ai super mal !

– Ah bon ? s'étonne-t-il.

Je t'en ficherais, moi, des agneaux ! Non seulement il est nul mais en plus il est mal élevé. Même pas capable de s'excuser. Qu'il repasse dans ma chambre, il va voir ce que ça fait de parler à une muette. Je ne veux plus jamais lui adresser la parole. J'aurais dû rappeler à monsieur l'infirmier que je manque de plaquettes et que quand on rate son coup, forcément, après, ça donne des hématomes gros comme ça. Vous n'allez pas me croire mais à ce jour, des années après, le bleu n'est toujours pas parti.

Souvenir de mon ami « l'agneau ».

Aspergillus : les ennuis recommencent !

Tous les deux jours, j'alterne donc entre l'IGR et le centre. Peu à peu, maman et moi nous habituons à notre nouveau rythme de vie. Je suis bluffée de constater à quel point l'homme est adaptable et programmable. On prend une personne, on change ses paramètres de vie et on appuie sur la touche « play ». Miraculeux.

Un miracle aussi que mon corps tienne la cadence avec tout ce que j'attrape. Aujourd'hui : toux et fièvre. Moi qui disais que je n'avais pas encore eu de complications depuis mon arrivée au centre ! Je sens que les ennuis commencent. Je pars pour mon rendez-vous habituel à l'IGR. 8 heures : prise de sang. 11 heures : consultation. Mes copains sont là, les p'tits Chanson et M. Bolinet, Nicolas et les autres. M. Nzhié est mal en point. Il a, paraît-il, attrapé un virus aux poumons, un virus très grave qu'il ne peut pas nous transmettre car seules les personnes de couleur le contractent, je crois. Ses poumons se recroquevillent de plus en plus. Lui aussi est logé au centre, tout comme Nicolas et M. Bolinet. Les p'tits Chanson habitent pas très loin de l'IGR. Alors pour eux, pas de garderie !

Mes résultats d'analyses démontrent qu'il y a quelque chose d'anormal. Trop de globules blancs d'un coup signifie que j'ai moi aussi une infection. Le docteur Maillard ne trouve rien de plus alléchant à me proposer qu'une fibroscopie.

– Naaannnn, s'il vous plaît, naannnnnnn, je veux pas, ça fait trop mal, c'est trop angoissant.

Pas le choix, ma cocotte. Maman et un brancardier m'accompagnent dans le service des endoscopies. Je n'ai eu à subir qu'une seule fois l'épreuve de la fibroscopie mais j'en garde un souvenir noir. Ils m'avaient trouvé une pneumocystose et la greffe avait dû être retardée. Vous comprenez, dans ces conditions, que cet examen ne me dise rien qui vaille.

Comme à l'accoutumée, je grille la queue d'office. Je ne fais pas trop la fière, j'appréhende un max. Pas envie de retrouver cette sensation d'étouffer, d'agoniser et de me noyer. Lorsque vient mon tour, je demande s'il serait possible d'utiliser un fibroscope de nourrisson. J'ai entendu le médecin en parler la première fois. J'ai retenu l'astuce. L'équipe médicale, conciliante, accède à ma requête. Je prends sur moi. Je fais ma forte. Je fais souvent ma forte pour la galerie mais intérieurement, je hurle. Je joue un rôle pour montrer que je ne me laisse pas abattre et que ce cancer, je vais l'envoyer valser ! Cette carapace que je me suis créée m'aide tellement que je finis par y croire. Les acteurs disent souvent qu'ils ont des points communs avec les rôles qu'ils interprètent…

D'accord pour qu'on explore mes poumons à condition que je puisse au moins m'agripper à quelque chose. Tenir une main, par exemple. Je l'ai dit, quand j'ai mal, j'ai besoin d'une main. Une infirmière se prête au jeu et me tend sa paume que je serre désespérément. Cette fois, le tuyau passe non pas par mes narines mais par ma gorge. Je toussote, ça irrite. Puis au fur et à mesure, le tuyau descend tout doucement le long de mon œsophage. Peux plus respirer. J'essaie de garder mon calme. Plus on s'énerve, plus on a mal. Je me raisonne en me persuadant que de toute façon, ils ne sont pas là pour m'achever. Ce n'est qu'un mauvais moment à passer. Dans dix ans, j'en rirai (marrant… au moment où j'écris, je n'en ris toujours pas).

Soudain, le médecin s'écrie :

– Aspergillus, ça ressemble fort à un aspergillus !

– Ah oui ? s'exclame le docteur Maillard qui fait son apparition dans la pièce. Vous êtes sûr ? -Je ne peux pas le confirmer à 100% mais regardez vous-même !

À dire vrai, j'aimerais bien qu'on cesse de faire joujou avec moi. C'est bon ? Vous avez trouvé quelque chose ? Alors enlevez-moi ce truc. Je vous adore, les médecins, c'est sincère, vous êtes tous épatants, j'admire votre patience, vos compétences et votre dévouement, mais stop !

– Perrine, me dit Natacha (tout le monde appelle le docteur Maillard par son prénom), tu vas retourner dans le service. Ta mère t'attend, elle va t'accompagner.

Tel un bon petit soldat, je rejoins maman en fauteuil, poussée par le brancardier. Je n'ai retenu qu'un seul nom : *aspergillus.* Un terme propre à Cancéropolis. Bizarrement, quand j'en parle à maman, j'ai le sentiment que ce mot ne lui est pas étranger. Elle me demande si j'en suis certaine. Oui, a priori.

Une demi-heure plus tard, Natacha nous prend en consultation. Elle s'adresse alors plus à maman qu'à moi.

– Nous soupçonnons la présence d'un microbe dans les poumons de votre fille. Perrine doit de nouveau être hospitalisée. Dès ce soir. Il faut que nous la traitions le plus rapidement possible, étant donné son manque de défenses immunitaires. Je lui ai d'ores et déjà réservé une chambre en secteur stérile.

Un vent de panique me glace de la tête aux pieds. Retourner dans mon ancienne chambre ? Mais je croyais que j'étais sortie d'affaire ! Quand ce cauchemar cessera-t-il ? Quand ? Par prudence, maman a emporté quelques affaires de rechange, au cas où. Avec la fièvre et la toux, elle a dû se douter. Dans mon malheur, je ne suis pas seule puisque j'apprends que M. Bolinet a contracté, pour sa part, une légionellose. Décidément, nous faisons la paire. Non content d'avoir les mêmes résultats que moi, M. Bolinet pousse le vice jusqu'à attraper un virus cousin du mien.

L'avantage de retrouver mon ancienne chambre, c'est qu'au moins, je ne suis pas dépaysée. Je salue le service. J'arrive pile poil pour le repas. J'enlève mon bas de survêtement pour revêtir ma tenue spéciale Cancéropolis, le fameux pyjama bleu estampillé « IGR ». Le survêtement n'est pas ce que je préfère mais j'ai tellement pris en volume que je n'entre plus dans aucun de mes vêtements.

Maintenant, vous connaissez le refrain, je suppose : glucose pour m'hydrater puis perfusions en tout genre. On augmente mes doses de cortisone pour calmer ma toux bien que je sois déjà sous assistance respiratoire. On « clippe » aussi l'un de mes doigts pour mesurer les battements de mon cœur et ma saturation d'oxygène dans le sang. De quoi j'ai l'air ! Gonflée comme une baudruche, un duvet noir sur le caillou, des poils sur le visage, des lunettes à oxygène dans le nez, et ma main sans ongle qui « bipe » chaque fois que j'expire.

Au secours, j'ai été enlevée par des extraterrestres !

UN MORAL EN DENTS DE SCIE

Fini l'aspergillus ! Fini aussi le centre. Maman refuse que j'y remette les pieds. L'ambiance ne me va décidément pas. Et puis être éloigné de chez soi devient de plus en plus éprouvant. Maman désinfectera donc notre maison de campagne de Flavy et empêchera les chiens d'entrer (je n'ai pas le droit d'approcher les animaux). Elle fera attention à la nourriture qu'elle me préparera. De mon côté, je porterai un masque et des chaussons. Le reste de la famille aussi. Ce sont les conditions posées par Natacha et le docteur Bourhis pour accéder à la requête de maman. Marché conclu ! N'importe quoi pourvu que je rentre à la maison. Si j'étais en mesure de tenir debout, j'en sauterais presque de joie.

Autre amélioration notable : maman réussit à négocier le lieu de mes transfusions de sang et de plaquettes. En effet, les trajets jusqu'à Villejuif sont éreintants. À Cancéropolis, ils sont d'accord pour que je passe par la polyclinique de Saint-Quentin, ce qui diminuera sensiblement nos allers-retours. Les transfusions de sang sont un peu moins régulières, mon taux d'hémoglobine s'améliore. Par contre, mes plaquettes ne sont toujours pas décidées à prendre leur autonomie. Mes globules blancs, quant à eux, ont fait un effort. Mais il reste difficile de se prononcer. Il faut normalement attendre environ cent jours après la greffe pour pouvoir faire un pronostic fiable. Cent jours, c'est aussi le délai imparti avant de pouvoir obtenir un régime alimentaire un peu moins draconien.

Si les médecins sont souples quant au lieu de mes transfusions, il y a une chose à laquelle je ne coupe pas : mon rendez-vous à Cancéropolis une fois par semaine. Ça me va. D'autant que revoir régulièrement les copains de galère me permet de relativiser.

M. Chanson et M. Bolinet ont eux aussi des plaquettes paresseuses. Nicolas, lui, se targue d'avoir récupéré son taux normal. Il m'énerve ! Qu'est-ce qu'il a à se vanter ? S'il a tout plein de plaquettes et que, de mon côté, je rame pour en fabriquer, c'est que ma greffe n'a peut-être pas marché. Dans ces cas-là, je panique, forcément. Bienvenue dans le monde des montagnes russes. Des émotions, ici, on n'en manque pas. M. Chanson a du diabète depuis sa greffe. Une complication assez fréquente, je crois. En fait, dans l'histoire, on trinque tous plus ou moins. Nous sommes bouffis par la cortisone. À Cancéropolis, pas de place pour la coquetterie. On ne s'est jamais connus que comme ça. Lorsque notre crâne se replume, nous comparons nos pilosités respectives et nous complimentons les uns les autres :

« Tiens, vos cheveux ont drôlement poussé, ça vous va bien ! » À J + 100, pour le quatuor que nous formons, M. Chanson, M. Bolinet, Nicolas et moi, tout se passe plus ou moins bien, malgré la fatigue.

M. Bolinet me talonne de près au niveau des résultats. La greffe semble fonctionner. Pour M. Chanson, c'est plus difficile mais il tient le cap, juste derrière nous. Nicolas, lui, est déjà sur le podium. Quant à M. Nzhié, il n'a pas survécu à son infection. Virus mortel. Quelle vacherie, la vie ! Il avait deux enfants. Idem pour Matthieu qui ne s'en est pas sorti après sa rechute.

À propos, j'ai oublié de vous parler d'un monsieur qui avait un fort caractère et dont la femme tricotait inlassablement une écharpe rouge. Il s'est chopé un cancer généralisé. Je vous laisse deviner la suite. Faut avoir le moral pour encaisser la rubrique nécrologique de Cancéropolis… Bon, je récapitule : nous étions au départ sept dans la salle d'attente. Nous ne sommes plus que quatre irrésistibles Gaulois. Si je compte bien, ça fait presque un sur deux. Je me console avec une certitude : inutile de présumer des chances de guérison d'une greffe après une leucémie. Chaque patient est différent. En l'occurrence, nous n'avons ni le même âge, ni la même forme de cancer, ni le même passé au niveau des traitements. Il faut bien se raccrocher aux branches comme on peut.

Avec les p'tits Chanson, on s'arrange avec notre planning pour tomber sur la même consultation. On s'aime bien. M. Chanson et moi faisons souvent la sieste dans le fauteuil de la salle d'attente pendant que son épouse et maman n'arrêtent pas de discuter et de rigoler. De temps en temps, M. Chanson sort de sa torpeur pour nous raconter une blague. Sa femme le pique avant son repas avec un petit stylo acheté à cet effet pour connaître son taux d'insuline. Ensuite, elle lui ouvre son yaourt. Une maman et son petit.

Souvent, à midi, maman va me chercher une pizza que je dévore ensuite dans la salle d'attente. J'adore les pizzas. Je n'ai envie que de pizzas. Ce n'est pas idéal pour mon régime mais Ginette a levé l'interdiction de me nourrir autrement que « sous vide ». Et puis elle préfère me voir manger trop que pas assez. Par contre, je tremble tellement à cause des médicaments que j'en mets partout ! Je vibre de tous les côtés. Pas facile avec la pâte qui s'affaisse et la sauce tomate qui dégouline. On s'y fait, vous savez. On se fait à tout quand on n'a pas le choix.

Noël en famille

J'ai tant espéré être parmi les miens pour Noël, mon vœu est exaucé ! Ce 24 décembre 2000 restera gravé dans ma mémoire. D'abord parce que je suis méconnaissable. Je cache mon corps ballon dans des vêtements élastiques. Mon visage s'est durci. Ma coupe de cheveux n'arrange rien. Ensuite et surtout parce que nous sommes tous réunis à Flavy, avec Renaud, autour d'un immense sapin. Comme je n'ai rien dépensé depuis le début de ma maladie et que mon père continue de me verser mon mois, j'ai accumulé un joli pécule. Alors j'offre à Renaud une télévision pour son appartement à Lille. Ma manière à moi de le remercier d'être là. Ce que je ne sais pas, c'est que mon père, toujours soucieux d'améliorer mon confort et mon quotidien, a eu la même idée de son côté. C'est ainsi que Renaud et moi nous retrouvons avec chacun son poste. Mais le plus beau des cadeaux est le magnifique pendentif en diamant que Renaud accroche autour de mon cou. Ce bijou est le symbole de notre amour. Depuis, je ne quitte plus ce collier porte-bonheur.

C'est notre vraie première réunion de famille depuis la fin du mois d'août. Des sentiments forts circulent entre nous. Je savoure cette fête sans en perdre une miette. Je réalise une fois de plus à quel point la famille est primordiale pour mon équilibre.

Le lendemain, Renaud et moi partons rendre visite à ses parents. Nous voulons leur faire une surprise, ils ne sont pas au courant de ma présence. Pour eux, c'est le choc. Je ne suis plus *la* Perrine qu'ils ont connue. Je suis une jeune fille encore malade dont la physionomie s'est radicalement transformée. Il y a de la pitié dans leur regard. Plus tard j'ai appris par la mère de Renaud que son mari et elle avaient pleuré après mon départ. J'avais tellement changé !

C'est vrai que j'ai changé. À Saint-Quentin, lorsque je circule dans les rues en fauteuil roulant, les gens tournent la tête, évitant ainsi d'avoir à parler à maman.

Les petits et les gros travers de la nature humaine… Ça aussi, on s'y fait. Quoique.

*
**

Changement de programme : je ne pars plus à Flavy comme maman l'avait envisagé. Ma tante Isabelle, qui habite Saint-Quentin elle aussi, propose de me loger dans un studio qui fait partie de sa maison mais qu'elle loue habituellement à de jeunes travailleurs. Maman accepte aussitôt la proposition de sa sœur aînée. Une petite surface conviendra mieux à mon état de santé. Raison supplémentaire pour retarder mon arrivée à Flavy : maman aura ainsi le temps de préparer la maison de campagne. Le studio est briqué et aseptisé spécialement pour l'occasion. Tout est en parquet ciré. Une kitchenette, une petite salle d'eau avec douche, deux lits, une table et une chaise. C'est parfait. Il y a une télé aussi. Ça aide pendant les heures creuses car mon emploi du temps n'a pas subi de modification notable depuis le début de la maladie : réveil tard dans la matinée, déjeuner, sieste. Je discute parfois avec mon frère et mes sœurs qui se relaient pour dormir avec moi au studio. Ensuite, dîner devant le petit écran et bonne nuit les petits !

Je me souviens d'un soir où Victor était avec moi. Il avait mangé un truc qui avait du mal à passer. Il avait très mal au ventre. En pleine nuit il s'est soudain levé. Je l'ai conduit jusqu'à la douche où il a rendu les restes de son repas. Je lui ai nettoyé la bouche. Rien d'exceptionnel, a priori. Sauf que pour moi, avoir« aidé » mon petit frère équivalait à avoir basculé de l'autre côté, celui des bien portants. Un instant, un court instant j'ai oublié mon « handicap ». J'ai eu le même sentiment lors d'une conversation avec mon cousin Maxence, le fils d'Isabelle, âgé de quinze ans. Parler de sa vie, de ses petites copines, de son quotidien… Pour une fois, je construisais des phrases avec d'autres mots que « maladie », « hôpital », « transfusion », ou « plaquettes ».

J'essaie coûte que coûte de reprendre une vie normale mais je suis complètement paumée. Ma tante essaie de me réconforter en m'offrant un nouveau doudou. Oui, je dors avec un doudou et alors ? Sachant que j'ai perdu le mien à l'hôpital (une des aides soignantes a probablement dû l'emporter avec les draps), elle s'est débrouillée pour en dénicher un, identique à la petite couverture rose que j'avais dans mon lit lorsque j'étais bébé et dont je grattais le bord en satin avant de sombrer dans le sommeil.

En attendant, je ne retrouve plus mes repères. Zéro concentration. J'oublie instantanément ce qu'on me dit. Je n'ai plus de tête. Je suis comme amnésique. J'ai beau reconnaître Renaud et ma famille, je me sens étrangère, parachutée de nulle part dans un monde qui est pourtant le mien mais dans lequel je ne parviens pas à me fondre. Je suis déconnectée. Mon univers aseptisé ne m'a pas encore quittée. Ça sent toujours mauvais autour de moi. Seule dans le studio, je suis en déroute. J'ai envie de rentrer à la maison. J'ai envie d'être dans ma chambre, à Saint-Quentin, mais chez mes parents. Je suis certaine que là-bas, je pourrai reprendre mes marques. J'abandonne l'idée de m'installer à Flavy.

LES MIRACLES DE LA MONTAGNE

Quatre mois après la greffe, mes globules traînent alors que ceux des autres ont déjà presque tous remonté la pente. Les médecins proposent à mes parents de m'envoyer dans un ancien sanatorium transformé en centre médicalisé. Au Plateau d'Assy, au-dessus de Sallanches, en Haute-Savoie. Selon eux, changer d'air ne pourra pas me faire de mal. Au contraire. Il paraît que l'altitude, c'est bon pour les globules. Mes parents sont d'accord, moi aussi. Aucun problème pour que je reçoive mes transfusions de sang et de plaquettes là-bas. Nous avons le choix entre résider dans le centre de Praz-Coutant ou nous loger par nos propres moyens. Le hasard fait parfois bien les choses : un des oncles de mon père possède un chalet à Megève. Il accepte de le lui louer pour un mois. C'est parfait. Toute la famille a prévu de skier fin février. Nous partirons donc à deux voitures. Je passerai la première semaine en famille puis maman et moi bifurquerons sur Megève pour y rester tout le mois de mars. C'est plutôt un bon plan.

L'idée de remonter sur des skis me démange. J'adore la glisse mais est-ce bien raisonnable ? C'est idiot, je sais, mais je m'interroge : vais-je y parvenir ? Pourtant, mon corps me rappelle chaque jour combien je suis affaiblie. Je ne peux pas me baisser. En revanche, je marche de mieux en mieux. Je ne tiens pas très longtemps, je suis vite essoufflée mais, comparée au légume que j'étais à ma sortie, j'ai fait des progrès incroyables. Je réussis à mettre un pied devant l'autre pendant cinq minutes sans m'écrouler. Il ne faut pas m'en demander plus. J'ai de la guimauve dans les bras. J'ai encore besoin d'aide pour ouvrir les bouteilles d'eau mais je progresse à mon rythme. C'est-à-dire à petits pas.

Une fois en vacances, comme d'habitude, mon frère et mes sœurs courent chercher leur forfait pour la semaine ainsi que le matériel adéquat. J'ai quand même pris mes snowblades, de tout petits skis pour que Victor, Alix et Claire puissent les utiliser. Mon œil ! Je les ai surtout emportés au cas où. Je ne demande pas grand-chose. Juste de pouvoir glisser sur un mètre. Un mètre… symbolique.

Durant la semaine, presque chaque jour, je monte au restaurant d'altitude pour déjeuner en famille. D'habitude, nous nous contentons de sandwichs, mais vu les conditions, mes parents acceptent une entorse à la règle. Je peux choisir les plats qui me font envie. Je suis chouchoutée, dorlotée. Mais lorsque je regarde autour de moi, je vois les jeunes qui s'éclatent. Il y a même des personnes âgées qui skient. Je me sens amère. Alors je me blinde encore un peu plus, je plaisante, je fais des blagues. Faut pas montrer la tristesse aux gens, sinon ils s'enfuient.

Il me reste cependant une étape à franchir avant de partir pour Megève. Il y a un an à peine, au même endroit, je m'étais presque écroulée sur les marches qui menaient aux pistes. Je veux absolument les gravir pour me prouver que je suis sur la voie de la guérison. Ce serait évidemment une belle victoire…

C'est finalement une très très belle victoire. J'en bave, c'est dur, mes muscles sont douloureux à la détente mais je réussis à relever le défi.

Allez Cancer, ne fais pas cette tête... Ça te fait mal au cœur de voir que je me rétablis ? Je sais, tu ne comprends pas pourquoi, après que tu t'es donné tant de mal pour me réduire à néant, je reprends du poil de la bête, mais c'est le jeu, mon pote. Fallait pas miser sur moi...

Ce serait trop bête d'en rester là. Portée par ma victoire, je veux monter la difficulté d'un cran. Une piste verte. Une piste pour les bébés. Je devrais pouvoir y arriver, quand même ! Je me sens super bien. Je revis presque. La montagne me booste un maximum. Je me sens forte, invincible. Toute la famille, appareil photo au poing, est présente pour me soutenir. Le clan Huon est soudé autour de moi. il y a comme un élan commun, un sentiment de « revanche » pour chacun d'entre nous. Qui aurait cru ça possible il y a encore quelques mois ? J'imagine maman inquiète et heureuse à la fois. Pour elle aussi, c'est une sorte de victoire. Elle qui m'a bercée, entourée, « délivrée ».

Je chausse mes skis. Sur le remonte-pente, on m'entoure. Papa et Victor devant, maman et mes sœurs derrière. Au cas où il faudrait me ramasser. La montée se déroule sans problème. Là-haut, je respire à pleins poumons. Descendre cette piste représente plus que tout ce que vous pouvez imaginer. « Vivre comme avant », telle est ma devise. Nous dévalons la piste ensemble presque main dans la main. La famille m'entoure. On croirait une star avec ses gardes du corps. En bas, en jetant un coup d'œil derrière moi, je réalise tout à coup le chemin parcouru. Papa est émerveillé, il parle de ma « performance » toute la soirée. J'ai fait un pas de géant vers la délivrance mais seules mes plaquettes auront le dernier mot. Peut-être que cet élan de bonheur va les faire bouger, ces petites cellules.

*
**

La semaine terminée, tout le monde part. Mais pas dans la même direction. Papa, Victor et mes sœurs remontent vers le Nord tandis que maman et moi roulons vers Megève.

Après quelques heures de route, nous atteignons le chalet de mon grand-oncle, au mont d'Arbois. Il pleut. Ça commence bien ! Le lendemain, rendez-vous au Plateau d'Assy pour ma première consultation avec une femme, le docteur Drony. Là-bas, même régime. Transfusion de sang et de plaquettes. C'est drôle, je suis moins angoissée qu'avant. Tout est réuni pour que je reprenne confiance : la montagne me revigore, je suis moins essoufflée, j'ai skié et mon test des escaliers s'est révélé probant. Le rêve…

Nous ne sommes que deux dans le chalet alors que la bâtisse pourrait accueillir quatre personnes de plus. Le balcon donne sur un court de tennis. On aperçoit au loin les remonte-pentes. Le décor est bien triste avec ces nuages gris. Des trombes d'eau noient le paysage. Mais ce n'est pas le plus important. Le plus important, c'est la suite de mes aventures au centre de Praz-Coutant. La route pour s'y rendre est sinueuse mais le spectacle vaut le détour. Plus nous montons, plus il y a de neige. L'architecture du bâtiment est banale. Rien à voir avec les chalets environnants. Pas de bois, mais du béton peint en blanc. En revanche, le centre est situé dans un environnement idéal. Au beau milieu des montagnes.

À l'accueil, je suis étonnée de voir beaucoup de personnes âgées en fauteuil roulant, ainsi que des handicapés. Où sont les greffés ? La chambre qui m'est réservée est lumineuse, la décoration moderne. Et le cabinet de toilette tout neuf.

Le docteur Drony, la cinquantaine, vêtue d'une blouse blanche ouverte sur un pantalon gris et un pull-over, a un visage à première vue très jovial. Elle nous accueille chaleureusement. Nous évoquons ma santé pendant qu'elle relit mon dossier. Pour le moment, le schéma est identique aux précédents : l'inéluctable prise de sang puis l'attente des résultats pour le lancement des différentes transfusions. Mon intuition me murmure à l'oreille qu'il risque pourtant d'y avoir du changement. Il va se passer quelque chose. Quelque chose de spécial. Depuis mon arrivée au grand air, la forme revient. J'ai hâte de savoir si mon sentiment sera confirmé par mes analyses.

À en croire le sourire du docteur Drony le jour où elle revient avec les résultats, je ne me suis pas trompée.

– Vous êtes certaine que Perrine a besoin de transfusions ?

– Oui, deux fois par semaine, elle ne dépasse jamais la barre des 5 000, rétorque maman.

– Ah oui ? s'étonne le docteur. Parce qu'elle a quand même 10 000 plaquettes et 9,8 g/dl d'hémoglobine. Ce qui n'est pas si mal.

Si je pouvais, je sauterais au plafond.

– Quoi ? Je te l'avais dit, maman, que je me sentais mieux ! C'est génial, alors la greffe fonctionne, hein ? Elle fonctionne ?

Le docteur Drony essaie de tempérer mon ardeur.

– Je ne peux pas me prononcer si vite. Soyons patients. Ce que je peux affirmer, c'est que tu es sur la bonne voie.

– Oh merci ! Je suis tellement contente. Depuis le temps que j'attends qu'elles remontent, ces maudites plaquettes !

– Nous allons quand même te transfuser. 10 000, ça reste peu. À 15 000 plaquettes, nous cesserons pour voir si ta moelle sait les produire seule, pour voir si elles bougent d'elles-mêmes. Je maintiens une transfusion de sang, et ensuite nous stopperons comme pour les plaquettes.

Regarde Cancer, c'est grillé pour toi. Tu ne réponds pas ? Tu te caches ? T'es passé où ? Je suis là, tu sais. On dirait que tu n'oses plus t'approcher. Tu as peur ? Toi et ta colonie de blastes, vous m'avez sous-estimée. Tu n'as rien vu, ce n'est pas fini, il faut encore que je reprenne des forces. Ma vengeance sera terrible. Pas de bol, je suis rancunière. Tu as une dette, ne l'oublie pas. Au fait, tu as remarqué ? Les cellules de Claire t'ont obligé à débarrasser le plancher, tu te croyais plus malin mais tu n'existes plus. Alors, il est où le petit cancérou à sa Perrine ? Il ne fait plus le fier ? Il ne la ramène plus ?

*

**

Je n'aime pas Megève. La rue principale ressemble à une des allées de Disneyland. Je vis quelque chose de trop réel pour supporter tous ces magasins artificiels. L'immense sapin aux décorations ostentatoires, planté en plein centre-ville, n'est paré d'ornements que côté face. Côté pile, il est complètement nu. L'image de ce sapin à moitié « habillé » est révélatrice d'un certain état d'esprit. À Megève, c'est tout pour la façade.

Si je garde un aussi mauvais souvenir de l'endroit, c'est surtout à cause du jour où nous avons voulu faire du scooter des neiges, maman et moi. Le type qui les louait s'est montré odieux avec nous. Je n'ai pas du tout apprécié ses réflexions. Je me rappelle la scène comme si j'y étais encore. Ça commence avec un commentaire du style : « Pour pratiquer ce genre de sport, il vaut mieux être costaud. » L'allusion est dirigée contre maman. S'il avait compris, ce crétin, ce que voulait réellement dire le mot « force », alors il aurait su que maman avait été une des femmes les plus résistantes de l'année ! Il rajoute ensuite, d'un ton plein de reproches, que de toute façon, le scooter des neiges n'est pas fait pour les petits garçons. Que je n'ai pas l'âge.

Moi ? Un petit garçon ? Je sais qu'avec mes cheveux courts et mon visage encore bouffi, j'ai perdu beaucoup de ma féminité. De là à me confondre avec le sexe opposé… Je ne prends plus de cortisone, mon corps a dégonflé mais le contraste entre mon duvet noir sur le crâne et mes « pattes » sur les joues est saisissant. C'est paradoxal mais le regard des autres me gêne plus que lorsque j'étais chauve. Mon corps d'avant me manque. On voit mes os à travers mon bassin. Mes bras sont maigres et bleus. Des boutons noirs bizarres sont apparus sur le ventre après ma greffe, ils n'ont pas encore disparu. Ma peau est desséchée dans son intégralité. Il a peut-être raison, ce con de loueur de scooters. Je ne suis pas jolie. Mais c'est à cause d'abrutis dans son genre que le monde n'avance pas. C'est la vie ! Il va falloir que je me blinde parce que des maladresses dans ce genre, je risque d'en subir beaucoup d'autres.

Maman et moi ne pouvons pas faire de longues balades car j'ai des douleurs aiguës qui me tordent les intestins, ce qui entraîne des diarrhées à répétition. Ulcère à l'estomac ? Personne n'a la réponse. Je pleure comme un bébé qui refuse de manger ses épinards. Maman se décarcasse pour me préparer les plats que j'aime. Elle m'oblige à rester à table jusqu'à ce que j'aie avalé plusieurs bouchées. C'est le dégoût total. Faisons le test, on verra si de votre côté vous y parvenez : je mets dans votre assiette un gros œil d'autruche. Ne faites pas le difficile. Ça dégouline ?

Un petit effort : on ouvre grand la bouche, on est gentil, on fait plaisir à sa maman. On croque. Si, si… on croque ! Et puis on avale. Sans vomir, s'il vous plaît. Pas bon ?

Vous savez maintenant ce que je ressens lorsque maman me sert de la purée.

Mais je ne vais pas m'apitoyer sur mon sort. Comment le pourrais-je ? À la deuxième consultation avec le docteur Drony, mes plaquettes ont fait un bond jusqu'à 15 000. Inouï ! Une prise de sang suffira désormais pour vérifier si la nouvelle cadence se maintient. Pour l'hémoglobine, c'est encore mieux : une fois tous les quinze jours. Je suis plus que satisfaite. Maman aussi, inutile de le préciser. Encore un moment unique que nous partageons ensemble. Personne ne peut affirmer que cela durera mais nous voulons y croire. Et nous avons raison d'y croire puisqu'une semaine plus tard, mes plaquettes atteignent un record historique : 20 000 ! Progression inespérée de 5 000 en sept jours sans aucun traitement. C'est parti ! Ma moelle est sur les bons rails. C'est l'événement, maman et moi ne parlons plus que de ça. D'autant que la troisième semaine, la récolte se révèle bien meilleure : 30 000 plaquettes, record battu !

On ferme la boutique, plus de transfusions de plaquettes. Le docteur Drony n'en voit pas l'intérêt. Après ces mois de souffrance physique et morale, c'est la libération. Un peu comme si on m'avait retiré tout à coup mes chaînes. Je me sens légère.

Dame Leucémie, c'est à toi que je m'adresse à présent : J'étais une adolescente tranquille, je commençais à voler de mes propres ailes, la vie pour moi n'était qu'insouciance, mais tu as décidé de débarquer dans mon univers sans frapper. Comme un vulgaire cambrioleur, tu as pillé ce que je possédais, tu m'as dépouillée de mes forces. Tu sais, j'en avais mis du temps à devenir ce que j'étais. Mais tu n'avais qu'une idée en tête :

m'anéantir. Un seul objectif : me salir. Tu as répandu le mal en m'envoyant tes troupes. Par quel moyen y es-tu parvenue ? Comment as-tu fait pour convaincre ceux qui défendaient la place de déguerpir aussi rapidement ? Comment mes globules blancs ont-ils pu se laisser manipuler aussi facilement ?

Une fois le terrain conquis, tu es passée de l'anarchie à la dictature en déployant à grande échelle ton armée de blastes, ces soldats cancéreux rompus à la destruction. Mon corps, peu à peu, n'a pas eu alors d'autre choix que de subir la torture. Pour contrer ton avancée, les médecins ont déployé l'artillerie lourde sous forme de chimiothérapie. Combat loyal à armes égales. Poison contre poison. J'ai ployé face à ta volonté. J'ai quitté ma famille, mon fiancé et ma maison. Bienvenue à Cancéropolis. C'est vrai, pendant le duel, il m'est arrivé de poser le genou à terre. C'est vrai, tu m'as fait pleurer, douter, hurler. Tu m'as fait mal aussi. Ton plan prévoyait une perte sèche au niveau du poids, des muscles, du crâne. Oui, mes muscles et mes cheveux ont momentanément disparu.

Mais pas le reste.

Pas mon courage, pas mon entourage. Contre eux, tu as échoué. Tes tentacules ont atteint ma chair. Pas mon âme. Mon âme, j'étais la seule à pouvoir la contrôler. Tu vois, elle a été mon rempart, ma forteresse. Nul besoin de militaires pour la protéger. Tes colonels se sont heurtés à sa solidité. Grâce à l'aide de mes proches, je t'ai écrasée, pulvérisée, chassée, condamnée. Pendant près d'un an, tu as mis un point d'honneur à résister. Ta réputation, sans doute... Tu as fui au bout de douze mois, honteuse de devoir ta survie à ton seul abandon. Rassure-toi, tu auras quand même réussi à laisser des traces de ton passage. Des cicatrices indélébiles. Ces cicatrices, je ne les renie pas. Elles sont la preuve de notre lutte acharnée.

Je sais, tu n'en resteras pas là. Depuis, tu es repartie sur les routes de la souffrance. Le coup du moral d'acier ne suffit pas toujours à te repousser. Tu persisteras à tenter ta chance chez d'autres innocents, mais prends garde, on ne gagne pas à tous les coups.

Et puis… Tu veux que je te dise ? Assieds-toi car je risque de te mettre K-0 pour de bon…

Merci pour tout !

Chapitre 8

LA VIE REPREND SON COURS

Les travaux manuels… Je ne connais rien de mieux pour se détendre. Je conseille à tous ceux qui veulent tourner la page ou faire une pause de dessiner, de peindre, ou de sculpter. On se fout que ça soit beau pourvu que vous y ayez mis un peu de votre âme. Nous sommes au mois d'avril, il me reste trois mois avant les grandes vacances. Je me lance dans la peinture sur porcelaine. Je décore des assiettes et des plats. J'aime être au calme, entourée de mon matériel, de mes chiffons, de mes pinceaux. J'ai besoin de me vider l'esprit.

La détente passe par la sieste, dont j'ai toujours besoin, mais également par une alimentation équilibrée. La nourriture contribue au bien-être, on ne le répétera jamais assez. Ginette, mon ancienne diététicienne à qui j'ai demandé conseil, évalue le nombre de calories que j'ingère par jour : environ 400 au lieu des 1 600 préconisées. Elle me donne des compléments nutritionnels à boire. Cela ressemble à du lait chocolaté. Je me prends tout de suite d'affection pour ces petites bouteilles qui, petit à petit, m'aident à éloigner l'« œil de l'autruche ».

Et puisque j'ai du temps de libre, je me verrais bien passer mon permis de conduire. Nous ne sommes pas d'accord avec maman. Elle trouve l'idée déraisonnable. Pas dans cet état, voyons… Je n'ai pas un brin de concentration mais je m'entête. Un pari supplémentaire pour me prouver que je récupère. Le jour J, j'avale deux quarts de Lexomil tellement je suis anxieuse. Les médicaments associés au stress ne sont pas du meilleur effet. Pour épater l'examinateur, je ne trouve rien de mieux que de griller un feu rouge… au ralenti ! Une erreur qui ne pardonne pas. Je suis recalée d'office. Je pleure toutes les larmes de mon corps. Nulle !

Voila ce que je suis ! Marre de ne pas être comme tout le monde ! Mais il m'en faut plus pour capituler. Je lutte contre la leucémie depuis des mois. Ce n'est pas un permis de conduire qui va me résister. Je me représente. Même tableau, à une nuance près : je ne grille pas un feu rouge mais une priorité. La troisième sera la bonne. Je finis par obtenir mon permis avec, pour tout commentaire de l'examinateur : « Vous n'êtes pas assez réactive. » Tu m'étonnes, Elton ! Avec la dose de médocs que j'avale…

J'aurais pu fêter l'événement. Mais il y a bien plus symbolique. La réussite de ma greffe ! Avec Claire, nous organisons pour l'occasion un grand barbecue à Flavy. Nous envoyons à chacun de nos amis un carton d'invitation sur lequel nous racontons le formidable combat des cellules de ma sœur contre les miennes. Le barbecue est un succès. Papa a loué une tente pour que nous puissions tous danser. Je m'en donne à cœur joie. C'est tellement bon de « se » retrouver. Victor prend sa première cuite sans le vouloir. Il suce tous les fruits de la sangria, il termine la soirée la tête en compote. Moi aussi, je me libère. Voir tous nos amis réunis après ce long moment d'absence est bouleversant.

Ce délicieux parfum de vie se prolonge avec nos vacances en Espagne. Chaque année, depuis dix ans, les parents louent une villa sur la Costa Blanca, à Javéa. L'an passé, ils avaient dû y renoncer. Mais la donne a changé. Je suis suffisamment en forme pour effectuer le trajet et profiter des plaisirs de la glisse sur l'eau. J'ai besoin de chaleur et de détente. Il y a une piscine dans la villa et papa loue un bateau une quinzaine de jours pour que nous fassions des sorties. en mer et du ski nautique. Je meurs d'envie de me remettre à mon sport préféré. Il vaut mieux, cependant, ne pas présumer de mes forces. C'est encore trop tôt. J'ai perdu le mode d'emploi de gestes basiques comme me baisser, par exemple. Comment, dans ce cas, avoir la force de faire tenir mes quilles sur l'eau ? Alors je nage et effectue des longueurs pour essayer de me remuscler. Quand la paresse prend le pas sur le courage, je m'allonge sur une chaise longue mais sous un parasol. Je n'ai pas droit au soleil. De toute façon, j'ai eu ma dose de rayons pour toute une vie.

JE DOIS ME CONFRONTER À LA RÉALITÉ

Mes cheveux ont repris le chemin du boulot. Je m'attendais à les retrouver tels que je les avais perdus, c'est-à-dire raides. Surprise ! Ça fait tout drôle d'être frisée comme un mouton. Toutes ces boucles, je ne suis pas habituée. J'ai arrêté les antirejets et la cortisone. Les poils qui recouvraient mon visage ont disparu. J'ai des vergetures un peu partout. Mes seins ont perdu une taille et pourtant je redeviens peu à peu Perrine. Mon moral, malgré ma remontée spectaculaire, est encore variable. Bien sûr, je suis en phase de guérison. Mais je commence doucement à me réveiller. Je commence à comprendre les conséquences de ma leucémie. Je suis stérile, ça y est, j'en prends conscience. Pas le choix. J'insiste sur ce point. Je n'ai pas eu le choix de la greffe. Si je l'avais refusée, le médecin ne me donnait pas un mois. L'épreuve des rayons m'a été fatale. Ils ont participé à ma guérison au même titre que la chimio d'enfer subie avant la greffe. Mais ils ont également détruit d'autres organes sur leur passage, notamment mes ovaires, trop fragiles pour ne pas brûler. Voilà pourquoi ils ont tiré leur révérence, emportant avec eux tout espoir pour moi d'être enceinte, un jour.

Micheline, ma gynéco, spécialisée dans l'obstétrique, m'avait prévenue. Elle était passée nous voir à l'hôpital, Renaud et moi, pour nous décrire les conséquences de la radiothérapie et pour nous expliquer où en était la médecine en matière de procréation médicalement assistée. Si j'acceptais qu'on me prélève un tissu ovarien par célioscopie, peut-être trouverait-on un moyen d'utiliser ces tissus pour que je puisse, au moyen d'une greffe exécutée sous anesthésie générale, avoir des enfants. Micheline était favorable à cette méthode et connaissait un des pontes français spécialiste de la question. J'étais sceptique. Il n'y avait pas assez de recul pour démontrer le succès de la méthode. Il y avait beaucoup d'incertitudes, trop d'incertitudes pour que je prenne le risque d'une anesthésie générale, surtout dans mon état ! J'ai refusé. Je pense que Renaud aurait bien aimé me faire changer d'avis mais lui et moi avions trop peur que j'y passe. Il m'avait avoué, lors de nos premières rencontres, qu'il ne souhaitait pas avoir un enfant, mais une colonie d'enfants. Il aurait pu partir mais l'annonce de ma stérilité n'a rien changé entre nous. Renaud est génial. Où va-t-il puiser toute cette force ? Jamais il ne m'a brusquée, jamais il ne m'a accusée. Lui et moi ne formons qu'un. D'ailleurs, il ne dit pas : « Perrine est stérile » mais « nous sommes stériles ».

C'est pour cette raison que je l'aime, Renaud. Parce qu'il est incroyable.

PAPA, MON CONFIDENT…

Les sorties en mer sont une épreuve lorsque je vois mes sœurs et mon petit frère faire du ski nautique. C'est dur de résister. Comme je l'ai un peu mauvaise, papa m'offre un tour de scooter des mers. Je manœuvre seule. Claire et Alix sont à l'arrière. Je savoure ma revanche. Le vent dans mes cheveux, les vagues qui frappent mon visage, quelle sensation ! Mes bras flanchent à force de s'agripper au guidon. C'est trop bon, la liberté ! Et tant pis si je mets plusieurs jours à m'en remettre. Papa a pris une photo de moi en pleine action. Je l'ai envoyée en guise de carte postale au service post-greffe de l'IGR avec une inscription au dos : « Je reprends ma vie en main, maintenant c'est moi qui la conduis. »

La raison m'empêche de remonter sur des skis mais mon plaisir, lui, m'ordonne de foncer un max ! Je ne peux pas terminer le séjour sans essayer au moins une fois. J'en ai trop envie et puis, on a qu'une vie, je suis bien placée pour le savoir ! J'insiste auprès de mes parents. J'insiste tant et tant qu'ils accèdent à ma requête. Non sans inquiétude. Je ne tiendrai certainement pas longtemps mais je relève le défi. Quelle surprise pour tous lorsque je parviens à surfer dans le sillage du bateau ! Je me sens tellement bien, je pourrais soulever des montagnes. Je veux tenir le plus longtemps possible, jusqu'à m'en arracher les mains. Mais au bout de quelques minutes, je lâche prise. Une fois encore, l'instant est immortalisé par papa. Et une fois encore, j'envoie la photo à l'IGR avec cette légende : « Un an après : merci pour tout ! » J'ai su par la suite que les infirmières et les médecins, heureux de mon rétablissement, avaient accroché cette photo dans la salle de repos.

Je crois que le plus épaté par ma guérison est papa. Quand il venait à l'hôpital, il n'arrivait pas à cacher sa tristesse. Tout comme Renaud. C'est drôle de voir comme les hommes et les femmes abordent les épreuves de façon différente. Peut-être pensait-il que je n'allais pas m'en sortir. Ce soir-là, en Espagne, alors qu'il est allongé sur un transat à regarder les étoiles, je le rejoins et m'assois près de lui. Il me prend dans ses bras. Je lui confie mes doutes, mes peines, mes interrogations. Qu'est-ce qui va se passer, maintenant ? Comment vais-je vivre ? Je lui parle de ma stérilité, de la douleur de ne pas pouvoir être enceinte. Nous discutons longuement dans la nuit. Il m'écoute tendrement.

Si je n'ai pas dit cent fois à quel point mes parents sont formidables, alors je ne l'ai pas dit !

Un amour intact

– Tu vois l'hôtel, là-haut ? C'est l'hôtel du Weisshom. Une balade assez facile pour un marcheur normal. Pour moi, c'est l'Everest. Retour d'Espagne début août. Je passe deux semaines avec Renaud en Suisse. Nous profitons de nos vacances en amoureux pour faire de superbes promenades. Je réapprends à marcher sans m'essouffler. Je me lance de temps en temps de nouveaux défis pour me motiver. J'ai besoin de me battre, de me prouver que j'existe. Mon vœu le plus cher est de revivre normalement. Nous partons donc à la conquête de ce vieil hôtel situé au sommet d'une montagne. L'effort est presque surhumain mais je puise dans mes réserves. Je me déchire, comme on dit. En arrivant à l'hôtel, Renaud me prend lui aussi en photo pour envoyer un souvenir de mon exploit à mes parents. Il pousserait bien la promenade plus loin mais je déclare forfait. Il ne faut pas abuser des bonnes choses. Sauf peut-être de la raclette que nous partageons le soir même au chalet. Je crois que les longues phrases sont inutiles. Renaud et moi sommes heureux comme au premier jour. Le décor est romantique et notre amour intact.

Que demander de mieux…

LA RENTRÉE : PAS FACILE !

Reprendre ma vie où je l'ai laissée. C'est dans la logique des choses. Finalement, quoi de plus naturel ? Ça commence d'abord par une nouvelle rentrée scolaire. Je souhaite réintégrer mon ancienne école de Lille en vue de la préparation de mon DEUG de droit. J'appréhende quelque peu. Ma mémoire n'est pas au top. J'appréhende également de me retrouver avec des jeunes qui viennent d'avoir leur bac. Je crains le décalage. J'ai loué un studio à Euralille pour éviter des efforts inutiles. M. Deherripon, le directeur, est super gentil avec moi. Il a toujours encouragé mon retour. li se montre souple, notamment lors de mes consultations au CHR de Lille une fois par mois.

Octobre 2001 : le moment tant redouté est arrivé. Je suis anxieuse. Cela fait plus d'un an que mes neurones sont en friche. J'ai oublié la plupart de mes cours. Les premières semaines sont difficiles. Les élèves ne parlent que de leur bac. Je ne sais trop quoi leur dire. Ça me semble tellement loin ! Certaines maladresses accentuent mon malaise. Comme celle d'une blonde qui m'apostrophe devant tout le monde : « Oh, la coquine, elle a un suçon dans le cou ! » Je lui réponds que non, c'est juste la cicatrice de mon premier cathéter (vous vous souvenez ? L'interne de Lille qui m'avait tranché le cou sans m'adresser la parole). Je suis gênée que cela puisse paraître équivoque. Elle ajoute en riant qu'elle aussi a déjà eu un cathéter lors de son appendicite. Je vois tout à fait à quel cathéter mademoiselle fait allusion. C'est sans commune mesure avec les engins qu'on m'a enfoncés dans la chair. La blonde en question renchérit lorsque je lui avoue mes difficultés à apprendre. Vous savez ce qu'elle me répond ? Qu'elle comprend tout à fait. Après deux mois de vacances, elle non plus ne se souvient plus de rien.

Je mets ça sur le compte de quoi ? De la bêtise ou de l'âge ? Je suis en perpétuel décalage. J'ai la sensation d'être différente, d'avoir vécu un truc impossible à partager. D'où mon sentiment de solitude. Du coup, je me replie sur moi-même. Je ne sors que pour aller à l'école ou faire des courses dans Euralille. Mon studio ressemble à une chambre d'hôpital. Mes amis sont les bienvenus mais s'ils se déplacent. Moi, je ne bouge pas de l'appart'. En réalité, je recrée inconsciemment mon univers hospitalier. Il y avait un côté rassurant à être prise en charge. Je commence à déprimer, je remets tout en cause. Je ne supporte plus les élèves de ma classe, je me sens étrangère à leur monde. Vous savez quoi ? J'ai besoin de souffler. J'étouffe ici. Le droit ? M'intéresse plus ! Et le commerce, alors ? M'intéresse plus non plus ! Résoudre les querelles de voisinage ou les scènes de Mme Machin avec M. Truc me paraît dérisoire. J'ai d'autres priorités.

Amélie, l'amie avec laquelle j'avais dans l'esprit de monter un spectacle quand nous étions plus jeunes, m'invite à venir la rejoindre en Espagne après les partiels de février. Sa proposition tombe à pic. J'accepte avec plaisir. Je ne parle pas un mot d'espagnol. Qu'importe ! J'aime découvrir de nouveaux horizons, je ne connais pas Séville, c'est l'occasion de changer d'air. Je suis tellement enchantée par la ville et la vie qu'Amélie mène là-bas qu'en rentrant, je me mets en tête de repartir le plus vite possible. Au diable les résultats des examens ! Je m'offre une parenthèse de six mois. Je pars en convalescence comme d'autres partent en voyage de noces. Je veux marquer le coup. J'ai trouvé une école d'espagnol, située en plein cœur historique de Séville, et un logement chez l'habitant. Renaud n'y voit aucune objection. Il a effectué la traversée du désert à mon côté. Il sait que je l'aime de tout mon cœur. Mais il sait également que cette pause m'est indispensable pour recharger mes batteries. Cela ne changera rien à mes sentiments. Ils sont suffisamment solides pour ne pas être entachés par quelques semaines d'absence. Pourquoi ne pas partir le 6 mars ? L'occasion de transformer cette date « noire » en date symbolique : le 6 mars 2000, j'apprenais que j'avais une leucémie, le 6 mars 2002, je m'envole alors que je suis en rémission.

Malheureusement il n'y a plus de place pour cette date. Bien obligée de me rabattre sur le 7. Mais suite à un zona qui se déclare soudainement, je dois reporter d'un mois. Petite précision que j'ai oublié de mentionner : avec la greffe, mon système de défense a été modifié en totalité. Comme si on effaçait pour tout recommencer. Mes vaccins ont disparu dans la foulée. J'étais donc, à ma sortie, à la merci de la moindre maladie infantile. Je fuyais les enfants mais j'ai probablement dû en croiser un qui avait la varicelle (les maladies infantiles sont très dangereuses pour les immunodéprimés). Cela s'est traduit chez moi par un zona. Même chose pour mon groupe sanguin qui, lui aussi, a subi un changement majeur puisque je suis maintenant 0+ (comme Claire, bien entendu) alors que j'étais AB+ auparavant. Ce qui m'a valu une frayeur supplémentaire lorsque, après ma greffe, dans un des centres que j'ai fréquentés, on m'a transfusée avec mon ancien groupe suite à une erreur. Si ma bonne étoile n'était pas intervenue une fois de plus, j'y passais.

Mais le zona ne change rien à mes projets. Je veux partir, je partirai !

Munie d'une énorme valise à roulettes, je décolle le premier dimanche d'avril. Quitter le cocon et voler de mes propres ailes représente un nouveau cap à franchir. J'ai besoin de cette parenthèse loin de tout pour me « réparer » et retrouver mon énergie. Ce voyage est un test : serai-je capable de me débrouiller par mes propres moyens ? Je n'ai qu'un seul but : être libre. Oublier Cancéropolis. Mon coup de foudre pour Séville a été décisif. Je sens que la suite doit se jouer ici et nulle part ailleurs. Je ne me suis pas trompée. Je ne comprends rien de ce que les élèves et les professeurs de ma nouvelle école me racontent mais je ne suis pas inquiète. J'en ai vu d'autres. J'apprendrai la langue. Aller vers l'inconnu n'a rien à voir avec affronter l'inconnu. Aujourd'hui, c'est un choix de vie. Pas un choix imposé par la maladie.

L'appart' dans lequel j'ai loué une chambre se trouve à Triana, le quartier gitan de Séville. À mon arrivée, je suis reçue par le voisin du dessous venu prendre sa douche chez les propriétaires des lieux. Oh là là, chez qui je suis tombée ? L'appart' en question est plutôt crade. Il y a des posters de cannabis un peu partout. Au milieu du salon, une tortue se balade tranquillement ! Bref, je n'ai pas grand mal à imaginer de quel bord sont les proprios. En fait, il s'agit d'un jeune couple de Gitans. L'homme et la femme ont tous les deux les cheveux longs. Amélie est présente pour traduire nos premiers échanges.

Ma nouvelle vie s'organise rapidement. Le matin, je vais en cours et l'après-midi, je me promène dans la ville. Je visite les musées et les parcs. Au gré de mes pérégrinations, je prends des notes sur un carnet qui ne me quitte pas. Je m'arrête sur les petites places, je m'assois et j'écris. J'observe la façon de vivre des Espagnols. Le soir, je me rends dans des bars à tapas en compagnie d'Amélie ou avec les élèves de mon école. Je commence à baragouiner l'espagnol. J'ai envie de partager mes émotions avec Renaud mais la date de ses prochains examens approche. Il doit bosser. Dommage… J'aimerais tant qu'il soit avec moi. Il me manque terriblement. Pour pallier son absence, je grille des dizaines de cartes téléphoniques. Je lui raconte mes péripéties et mon changement d'appartement.

En effet, j'ai quitté les Gitans. Sous prétexte que je suis étrangère, ils essayaient de m'arnaquer à tout bout de champ. Coup de bol, une copine d'Amélie cherchait une colocataire. J'ai aussitôt préparé ma valise et effectué mon déménagement de nuit, en deux allers-retours. Je me suis tirée à pied sans demander mon reste. Désormais, j'habite le centre historique de Séville, dans une résidence avec un patio typique joliment fleuri. J'ai une grande chambre avec un lit deux places pour un loyer moins cher dans un appartement que je partage avec une Italienne et une Grecque.

C'est pas le bonheur ?

LE PLUS BEAU CADEAU

– Renaud ? Mais qu'est-ce que tu fais ici ?

Amélie, au courant de la surprise, filme ma réaction un peu comme dans l'émission « Star à domicile » où les fans d'un chanteur ne savent pas qu'en ouvrant leur porte, ils vont tout à coup tomber sur lui ! Je suis abasourdie. Et ses examens ? Renaud a toujours su m'étonner mais là, je suis bluffée. Il reste quinze jours avec moi, je n'y crois pas. Je ne suis pas près d'oublier ce fabuleux cadeau. Je ne suis pas près non plus d'oublier ce jour incroyable où nous nous sommes baladés tout l'après-midi dans le magnifique parc Maria-Luisa, et où nous avons admiré un magnifique coucher de soleil au bord du Guadalquivir, le fleuve qui sépare la ville en deux, avant de prendre un apéritif dans le plus vieux bar à tapas de Séville en dégustant, sur des tonneaux, la spécialité du cru, le moscatel, un vin doux, accompagné de « carne con tomate ». Nous avons achevé notre périple dans un de mes restaurants préférés puis nous nous sommes offert une glace chez le meilleur glacier de la ville. Une soirée comme celle-là, on n'en fait pas mille dans une vie. Seul le mot « romantique » peut la définir. Admirer les étoiles, main dans la main, sur le toit de mon immeuble, ce n'est pas romantique, ça ? Renaud qui me lit un texte écrit à mon intention, un texte dont la dernière phrase est « Veux-tu m'épouser ? », ce n'est pas romantique, ça ? Oui ! Oui ! Oui ! Je veux t'épouser. C'est trop d'émotions en une journée. Le coucher de soleil, notre tête-à-tête au restaurant, nous deux sous un ciel qui brille de mille feux, une demande en mariage… Je t'aime, mon Nono !

Le lendemain, nous prévenons nos familles respectives et envoyons un mail sous forme de dépêche à tous nos amis pour les informer de notre décision. Le texto destiné à papa et maman dit à peu près ceci : « Les fiançailles… En novembre ou en décembre ? »

Puis Renaud repart en France tandis que je quitte Séville le cœur lourd mi-juillet pour rejoindre mes parents à Javéa. Cette année, il y aura une nouveauté.

Je parle couramment espagnol.

Chapitre 9

Je ne suis pas la seule, n'oublions pas les autres !

Espagne : été 2002. Alors que je suis à la recherche d'un magazine, je tombe sur le *Paris Match* de la semaine. En couverture, la famille Fugain. J'apprends que le chanteur Michel Fugain vient de perdre l'une de ses filles, atteinte d'une leucémie. J'achète le journal. À l'intérieur, les photos de Laurette, vingt-trois ans, sont magnifiques. J'ai les larmes aux yeux. L'article, écrit par sa mère, Stéphanie, est poignant. On sent à travers les lignes l'énergie folle dépensée par cette famille dans un seul et même but : sauver leur fille. Ce n'est vraiment pas juste. Pourquoi elle ? Si jeune, si belle. Je n'arrive pas à y croire. Une sœur de galère s'en va et j'ai l'impression que c'est une amie que je ne reverrai plus. Pourtant je ne la connais pas. J'ai juste le sentiment d'avoir un lien très fort avec les jeunes malades de la leucémie. Chaque départ m'attriste un peu plus. En écrivant ces lignes, je pense à Guillaume, Thomas, Gaël, et tant d'autres. Peut-être qu'avec plus de donneurs… Et toujours cette question qui revient sans cesse : Pourquoi suis-je vivante alors que d'autres partent trop tôt ?

Je me sens redevable envers eux. C'est ce qui me pousse à entamer le récit de ma maladie. Vis-à-vis de Laurette, partie trop tôt, je ne peux pas rester les bras croisés. Je me dois de témoigner. Je suis une rescapée. Le premier chapitre jaillit en Espagne, sur l'ordinateur portable de mon père. Stéphanie et Laurette me guident sans le savoir. Il me faudra deux ans pour achever mon livre. Revenir sur les traces de son passé est un exercice douloureux mais également une sacrée thérapie que je conseille à tous ceux qui souffrent ou qui ont souffert.

Mais témoigner n'est pas suffisant. J'ai besoin d'agir et de m'investir moralement. Le docteur Bourhis m'en donne l'occasion en nous apprenant, à maman et à moi, le décès de Guillaume, un jeune de vingt et un ans qui avait remué ciel et terre pour faire connaître le don de moelle osseuse. Je suis choquée. Guillaume avait exactement mon âge. Je décide à l'instant même de m'engager dans une association pour militer en faveur du don de moelle osseuse. L'association Laurette Fugain vient de voir le jour et est encore en pleine structuration. En attendant, Internet me permet de contacter une petite structure qui correspond à ce que j'attends. Elle s'appelle « Guillaume Espoir ». J'ai pensé au début qu'il s'agissait des parents de Guillaume, celui dont m'avait parlé le docteur Bourhis. Pas du tout, c'est le hasard.

Aimeraient-ils que je crée une antenne à Saint-Quentin ? Leur réponse positive est pour moi le début de ma renaissance.

À partir du mois d'avril 2003, le cours de ma vie reprend son aspect normal. Je me sens aussi bien qu'avant physiquement. La seule différence est que je me fatigue plus vite.

Mon livre avance mais ce n'est pas assez. L'association Laurette Fugain commence à se faire connaître. J'en profite pour proposer mon aide. Le contact passe aussitôt entre Stéphanie Fugain et moi. Nous échangeons un peu de nos douleurs respectives. Elle me raconte l'histoire de Laurette, je lui raconte la mienne. Depuis, nous n'avons jamais perdu contact. Je réponds présente quand elle a besoin de témoignages ou de bénévoles. J'ai rencontré dans cette structure des gens formidables, unis pour la même cause. Séverine notamment, une autre jeune fille qui a vécu mon parcours, mais sans la greffe. Nous n'avons pas besoin de nous parler pour communiquer. Notre relation est très forte. Tous les soirs, nous discutons via Internet. Nous essayons de témoigner en duo pour l'association Laurette Fugain. Notre vécu nous rapproche mais nos discussions ne portent pas forcément sur la maladie ou les mauvais souvenirs. Pas besoin de long discours pour faire comprendre à Séverine combien il m'est difficile, malgré mon jeune âge, de me remettre d'une soirée, par exemple.

Les hommes qui ont fait la guerre n'oublient pas le traumatisme. Ils ont vu leurs copains de galère mourir au front. Moi, c'est pareil. Tenez, M. Bolinet… Il y a un an, il allait très bien jusqu'à ce que sa légionellose réapparaisse. Il est mort en trois jours. Sa greffe avait fonctionné. Il était guéri de sa leucémie. Il est décédé à cause d'une infection contractée dans ce fichu centre du cinquième arrondissement ! Tout cela aurait pu être évité. Je pense souvent à lui. Il était courageux, ne se plaignait jamais. C'était le plus fort de la bande. Et que penser du décès de M. Chanson ! Lors d'une de mes visites à l'IGR, je l'ai croisé par hasard. Ça m'avait fait plaisir de le savoir en forme. M. Chanson avait de bonnes couleurs, il avait le moral. Il était habillé en « civil ». En cancéropolien, ça veut dire « ni en pyjama, ni en jogging ». Nous avons discuté longuement. Sa femme m'a dit que ses résultats étaient meilleurs mais qu'il devait surveiller son insuline. Ils étaient mignons tous les deux. C'est pour ça qu'on les appelait affectueusement « les p'tits Chanson ». Sa femme continuait de s'occuper de son mari comme d'un enfant. Il y avait beaucoup d'amour entre eux. J'ai été désolée d'apprendre le décès de M. Chanson si tard, j'aurais aimé lui rendre un dernier hommage en étant présente à son enterrement.

Il y a encore beaucoup à faire contre cette maladie…

*
**

Le bilan de cette aventure est plus que positif, même si je regarde désormais les gens comme si c'était la dernière fois. Je vis en permanence avec l'épée de Damoclès au-dessus de ma tête. Très bizarre, comme sentiment. Alors je profite à fond de la vie. Je n'attends plus pour me faire plaisir, ni pour faire plaisir aux autres.

Plus le temps avance, plus je me rends compte que je n'ai pas le même parcours que « les garçons et les filles de mon âge ». Mes copains terminent leurs études tandis que je viens de commencer les miennes. Les recommencer, plus exactement. J'ai choisi de préparer un BTS « action commerciale » en alternance avec le stage que j'effectue dans les assurances, dans l'agence de mon père. Mes sœurs ont entamé des études passionnantes de médecine et de pharmacie. J'ai l'impression d'être sur le bord de la route, *ohé, vous m'avez oubliée !* La leucémie m'a volé mes plus belles années. Mes années d'étudiante. Mes années d'insouciance. Trop tard ! À dix-sept ans, je rêvais d'un parcours à ma mesure, avec licence de droit puis école de journalisme ou de commerce. Ma vie a basculé avant que je passe à la réalisation de mon destin.

Aujourd'hui, je laisse ma bonne étoile me guider où je dois aller. Je sais qu'elle me suit de loin. Mon rêve d'enfant d'écrire un jour un livre a été réalisé, même si jamais je n'aurais imaginé qu'il traiterait d'un pareil sujet. J'aime créer. Après ? Je ne sais pas. Tout peut arriver. Tenez… Si on m'avait dit un jour qu'un éditeur s'intéresserait à mon histoire, je ne l'aurais pas cru. J'espère avoir assez d'intuition pour saisir les chances qui se présenteront.

Malgré l'épreuve et ses conséquences, je suis paradoxalement beaucoup plus heureuse maintenant qu'avant. La vie est un cadeau, je confirme ! Si je devais mourir dans l'heure qui suit, je veux partir sans remords, sans regrets. Tout peut s'arrêter si vite ! Qui me dit que demain je ne me ferai pas renverser par une voiture ? Qui me dit que je ne rechuterai pas ? Qui vous dit que vous n'aurez jamais besoin de transfusions de sang, de plaquettes ou de moelle osseuse ? Je n'en sais rien. Vous n'en savez rien. Je parle de moi, je parle de vous. Personne n'est à l'abri d'un accident.

Alors pourquoi hésiter ? Il se pourrait bien qu'un jour vous aussi soyez en mauvaise posture. Les enfants ne sont pas épargnés, malheureusement.

Viens et donne tout et donne encore Le sang qui coule dans ton corps La chance d'espérer plus fort[3].

Un don du sang ? Trente minutes. Un don de plaquettes ? Deux heures. S'inscrire dans le fichier des donneurs de moelle osseuse pour sauver des Laurette, des Thomas, des Guillaume est

---

3. Extrait de la chanson « Combat -combo » de l'album *Le Cœur des femmes.* Disque vendu au profit de l'association Laurette Fugain.

indolore. Vous n'aimez pas les piqûres ? Qui aime ? Ce n'est pas plus douloureux qu'un bref pincement sur le bras. Si peu de temps pour redonner la vie ! Prenez le temps de donner du temps pendant que les malades et anciens malades, eux, donnent du temps au temps pour se remettre.

C'est pour cela aussi que j'ai écrit ce livre. Pour motiver ceux qui ne savent pas, dont je faisais sans doute partie avant mon « aventure ». Quand on se trouve à l'hôpital et qu'on voit des gens de tous âges mourir parce qu'on n'a pas trouvé de donneur, on ne s'en remet pas. La providence a voulu que ma sœur soit compatible car il y a une chance sur quatre de trouver un donneur dans sa fratrie. Les probabilités sont extrêmement réduites lorsqu'on n'a pas ce privilège et qu'il s'agit d'en trouver un dans le fichier international des donneurs volontaires de moelle osseuse. C'est si simple de faire ce don. Pensez-y !

Et vous qui êtes atteints par cette maladie, ne perdez pas espoir ! Mon témoignage illustre assez bien l'une des chansons de Lynda Lemay qui dit : « C'est pas fatal simplement parce que c'est critique. » Tant que vous respirez, même mal, rien n'est perdu. Battez-vous, ne baissez pas les bras. Ces mots, bien que mille fois répétés, bien que mille fois entendus, ne sont pas vides de sens. Ça a marché pour moi, pourquoi pas pour vous ? Il faut y croire du plus profond de votre âme. Je ne m'adresse pas seulement aux malades mais à ceux qui souffrent en général. Alors, enfants de la Patrie, battons-nous pour le trouver ce bonheur, il ne vient pas tout seul avec ses petites pattes, retroussez vos manches et allez le chercher ! Vous avez même le droit de lui courir après. Le 29 août 2005, le docteur Bourhis pourra enfin me dire : « Oui, Perrine, tu es guérie. » Nous fêterons cette nouvelle comme il se doit le 10 septembre 2005, date de mon mariage. Nul doute que l'émotion planera sur cette journée. Si l'année 2000 a été la pire de ma vie, j'ai l'impression que l'année 2005 pourrait bien être la meilleure.

Remerciements

Je ne pouvais terminer ce livre sans rendre hommage à ceux qui m'ont soutenue : ma famille, Renaud et mes amis. Je me suis rarement retrouvée seule, sauf quand je le souhaitais. Au début de la maladie, la mobilisation de tous m'a boostée au top. Si j'avais été abandonnée dans cette épreuve, à quoi me serais-je accrochée ? Je partage donc les lauriers de cette victoire avec ceux qui sont venus me voir, ceux qui m'ont écrit, qui m'ont téléphoné, qui ont visité mon site Internet pour avoir de mes nouvelles. Je pense aussi à mes deux petites Claire, des amies qui ont laissé d'inlassables messages sur mon portable. Savoir que tant de monde me voulait du bien a été le plus efficace des remèdes.

Parfois, je rencontre des jeunes qui ne savent pas comment faire face à la souffrance d'un de leurs proches. Ils sont démunis. Un conseil : si vous ne savez pas comment réagir, dites-le, tout simplement. Pas besoin de grandes phrases ni de longs discours. Les visites sont importantes mais il y a d'autres moyens de montrer aux gens qu'on les aime. Envahissez leur boîte aux lettres de petits mots tendres, téléphonez, envoyez des textos, mais surtout donnez de vos nouvelles. Ne restez pas silencieux. Ne les abandonnez pas par découragement, par lâcheté, par négligence ou par faiblesse. Je vous le dis par expérience : c'est ce qu'il y a de pire. Il vaut mieux fondre en larmes devant eux que de vous inscrire aux abonnés absents.

J'ai guéri grâce à ma famille qui, vous l'aurez compris, est devenue, depuis, un véritable clan. Un pour tous, tous pour un. Maman a tout donné pour moi. Mon père s'est transformé en « papa poule ». Claire, Alix et Victor sont plus proches que jamais.

Ils se sont occupés de moi comme de leur propre (futur) enfant. Je n'oublie pas Renaud qui s'est pris des gueulantes quand j'étais de mauvaise humeur et qui revenait toujours avec le sourire en disant : *Ce n'est pas grave.* En disant : *Tu es la plus belle.* En répétant : *Tu vas t'en sortir.* Je me suis montrée dure quelquefois à cause de la douleur. Personne ne m'en a tenu rigueur. J'ai une pensée pour le reste de la famille, plus lointaine, qui m'a témoigné elle aussi de nombreuses marques de tendresse.

Merci à tous ceux qui m'ont aidée, supportée, aimée. Ce livre, je vous le dédie. Maintenant, vous connaissez l'envers du décor et vous vous rendez compte, j'espère, à quel point vous avez été, à votre échelle, hyper importants. J'espère vous avoir démontré que votre sentiment d'impuissance n'était pas justifié puisque vos paroles et vos attentions font partie intégrante de mon rétablissement. Cinquante pour cent de soins et cinquante pour cent de mental, dans une guérison. Vous êtes donc tous, famille, amis et proches, aussi « puissants » que les médecins. En tout cas, c'est ma vision des choses.

Je remercie aussi, du fond du cœur, toutes celles et ceux qui m'ont soutenue durant l'écriture de ce livre :

– Stéphanie Fugain et les membres de l'Association Laurette Fugain ;

-Anaïs Denecker, sans qui ce projet n'aurait peut-être jamais abouti ;

– Delphine et Nicolas Hoffmann, Perrine Mouton, Suzon Desrumeaux-Courchelle, le Docteur Jean-Henri Bourhis et le Docteur Albert Haddad, pour leurs lectures constructives ;

– Séverine Gounelle, pour son soutien moral.

Table des matières

ISBN: 978-1502821133
ISBN-13: 1502821133

7379481R00110

Printed in Germany
by Amazon Distribution
GmbH, Leipzig